새벽 시크릿

새벽 시크릿

나애정

마음세상

제1장

기적의 시간 새벽,
나는 매일 설렘으로 기다린다

새벽을 알았기에 나는 작가가 될 수 있었다

나는 새벽에 일어난다. 새벽의 시간을 사랑하기 때문이다. 처음에는 새벽 6시 기상부터 시작했고 지금은 새벽 4시 기상을 목표로 도전하고 있다. 새벽 기상, 이제는 나에게 일상이 되었다.

새벽에 일어나서 내가 하는 일은 책을 읽고 글을 쓰는 것이다. 나는 전업 작가는 아니지만 그렇게 하고 있다. 내가 그렇게 하는 이유는 새벽에 읽고 쓰는 맛이 특별하기 때문이다. 매일 설레는 마음으로 새벽을 기다린다. 새벽에 일어나 읽고 쓰는 활동은 하루 그 어떤 활동보다 나에게 만족감과 행복감을 준다. 나에게 새벽 시간은 하루 24시간 중 가장 소중한 시간이 되었다. 새벽의 특별함을 인지했기 때문에 나는 하루도 건너뛰지 않고 새벽에 일어나려 한다.

오늘도 나는 4시에 일어났다. 새벽에 일어나서 먼저 잠을 깨운다. 나만의 의식이 있다. 우선 냉수 한 컵으로 들깬 잠을 마저 깨운다. 그리고 간단히 바닥을 쓸고 맨손체조를 한다. 바닥을 매일 쓸어도 매일 무엇인가가 나온다. 아이들 장난감이나 간식 부스러기, 봉지들, 아이들 낙서한 종잇조각들 등 주로 아이들 사용한 것들의 흔적이다. 아이들은 현재 초등 저학년생이라 집을 어지럽히는 주원인 제공자가 된다. 그런 쓰레기를 쓸어 모으면 기분이 좋아진다. 아주 단순한 행동이지만 쓸어 모은 쓰레기의 양만큼 집이 깨끗해진 느낌을 받는다. 바닥을 쓸지 않았다면 그 쓰레기와 함께 아이들이 뒹굴었을 텐데 다행이다, 라는 생각도 한다.

청소를 하고 내가 하는 또 하나의 일은 맨손체조이다. 맨손체조는 아주 간단하다. 운동에 대한 특별한 전공지식이 없지만 그 동안 귀동냥해서 알게 된 정보로 몇 가지 동작을 정했다. 목 운동, 팔 운동, 윗몸일으키기, 바닥에 손 짚고 비스듬히 앉아서 다리 들어 올렸다 내렸다 하기 정도로 한다. 다 하고 나면 15분 정도 시간이 소요된다. 이렇게 간단히 나만의 의식을 치르고 읽기와 쓰기를 한다.

본격적으로 독서를 하기 전까지 내 인생에 '새벽'이란 존재 자체는 없었다. 왜냐하면 누구보다도 나는 잠이 많았기 때문이다. 잠은 절대 양보할 수 없는 사람이었다. 마흔이 넘어 시작한 출산, 육아의 세계, 매일 소리 없는 총성의 현장인 직장생활을 하면서 위기가 찾아 왔다. 그래서 문제의 해결 방법으로 독서를 하기 시작했다. 도저히 시간을 빼기 어려웠지만 나는 책을 읽기 위해 생활을 점검하기 시작했다. 아침에는 아이들 챙기고, 출근하기 바쁘다. 직장에서 퇴근하면 또 루틴으로 해야 하는 집안 살림이 있다. 가끔 힘들면 외식을 하기도 하지만 그렇다고 집안일이 없어지는 것은 아니다. 시간 점검 결과 독서를 위해 활용할 수 있는 시간은 유일하게 새벽 시간뿐이었다. 어쩔 수 없이 선택할 수밖에 없었다. 적극적인 의지로 새벽 시간 활용을 시작한 것은 아니었더라도 새벽 기상을 하고 보니 새벽 시간은 나에게 황금 알을 낳는 시간이 되었다. 결국 새벽 기상으로 인해 나는 독서의 새로운 세계를 알게 되고 책까지 출간하게 되었다.

내가 새벽을 몰랐다면 《하루 한권 독서법》 책은 세상에 나오지 않았을지 모른다. 또한 읽고 쓰는 삶을 살지 못했을 것이다. 내가 본격적으로 책을 읽기 시작한 것은 5년 전부터이다. 삶의 문제를 해결하기 위해 읽기 시작했다. 물론 그 전 대학 다닐 때 책을 읽었다. 소설책 위주로 수업시간에도 교수님 눈을 피해 읽은 기억이 지금도 난다. 하지만 그때뿐이었다. 내가 어릴 때도 책을 읽지 못했다. 가정형편이 여유롭지 못했기 때문이다. 나의 경우에는 대학생이 되어서 처음 교과서 외의 책이란 것을 읽기 시작했다. 어릴 때부터 책을 읽으면 좋겠지만 상황이 안 되어 그렇게 못했더라도 실망할 필요는 없다. 성인이 되어도 얼마든지 독서의 고수, 작가도 될 수 있다. 성장기 동안 그렇게 책을 많이 읽지 않았지만 내가 독서 5년 만에 책까지 낼 수 있었던 것은 새벽에 일어났기 때문이라고 말하고 싶다.

새벽에 책을 읽으면 낮의 독서와 비교할 수 없는 집중력이 생긴다. 집중력이 좋은 만큼 실질적인 결과물을 가져 올 수 있다. 물론 독서가 눈에 보이는 결과물을 목적으로 읽는 것은 아니지만 새벽독서를 하면 생각지도 않은 긍정적인 결과들이 나타난다. 왜냐하면 새벽은 누구로부터 방해를 받지 않는 최고의 시간대이기 때문이다. 직장 맘에게 어린아이들은 집에서 어떤 일을 하는데 가장 큰 변수가 된다. 가만히 있지 못하는 아이들의 특성으로 엄마들도 무엇인가를 진득이 하기가 어렵다. 수시로 아이들의 요구사항이 있기 때문이다. 그런 아이들이 새벽에는 수면 중이다. 그리고 새벽의 특별한 고요함과 상쾌함으로 인해 집중이 잘된다. 이런 시간대에 자신의 내면을 들여다보는 독서가 가능하다. 책의 내용들이 하나의 자극제로 작용하고 나는 그것을 나의 상황에 적절하게 받아들이고 융합하여 삶에 적용하는 독서가 된다. 낮의 독서는 쫓기듯 무엇인가를 마음 한편에 두고 하는 독서였다면 새벽의 독서는 책과 나 자신만이 오로지 존재하는 독서가 된다. 이런 독서를 4년 동안 했다. 그러면서 나의 삶은 빠르게 변해갔다.

새벽을 통해 책을 읽고 글을 쓰면서 나는 내 인생 첫 책인 《하루 한권 독서법》을 출간하게 되었다. 독서에도 여러 수준이 있다. 시간대에 따라서 자신의 컨디션에 따라서 독서 수준은 달라진다. 독서도 집중해서 하면 제대로 된 독서가 된다. 독서할 때 인위적으로 집중하기보다 집중할 수 있는 환경을 조성하는 것이 중요하다. 새벽에 일어나 독서를 하면 집중 독서가 되면서 자연스럽게 삶이 변화된다. 집중력 있는 독서로 사고의 변화까지 일어난다. 나는 어느 날 문득 책을 써야겠다는 생각이 들었다. 500권 정도 책을 읽을 즈음이었다. 책을 쓰고자 하는 욕구가 생기는 시점은 사람마다 다르다. 독서의 질이 얼마나 높은가에 따라 결정이 될 수 있겠다. 그렇게 나는 어느 날 새벽, 책을 써야겠다고 결심을 했다. 그리고 책을 쓰기 위한 방법을 찾아 다시 책을 읽으면서 서서히 책을 쓰기 위한 노력을 하게 되었다.

새벽에 일어나 글을 쓰면서 초고를 한 달 만에 완성했다. 한 달 만에 책을 쓸 수 있다는 것이 너무 신기했다. 책 쓰기 한평생 버킷리스트로 가지고 있는 사람이 많다. 왜 한평생 그렇게 소망으로 가지고 있겠는가? 책 쓰기가 쉽지 않기 때문이다. 책 쓰기 자체가 너무 어렵기 때문이다. 하지만 나는 알게 되었다. 책 쓰기 힘든 이유가 스스로 책 쓰기를 너무 어렵다고 규정해버렸기 때문이란 것이다. 자신의 성과는 자신의 사고를 뛰어넘을 수 없다. 책 쓰기에 대한 생각을 부정적으로 하고 있었기 때문에 그렇게 평생 버킷리스트로만 가지고 있는 것이다. 생각을 바꾸고 글을 쓰면 한 달 만에 초고를 완성할 수 있다. 단, 최대한 새벽 시간을 활용하여 집중해서 읽고 쓴다면 초고 1달 만에 쓰기도 문제없게 될 것이다.

나는 오늘도 새벽에 일어나 책을 읽고 글을 쓴다. 오늘 아침에 읽은 책은 나폴레온 힐의 《나폴레온 힐 성공의 법칙》이다. 이 책은 782페이지까지 있는 아주 두꺼운 책이다. 하지만 새벽 시간이기에 나는 도전한다. 새벽의 독서가 특별한 집중력과 효과가 있다는 것을 알기에 읽기 시작할 수 있었다. 지금 초고도 쓰고 있다. 세부살이를 시작한지 얼마 되지 않았지만 세부에서의 세 번째 책 초고이다. 나는 현재 아이들 둘과 함께 세부살이 중이다. 세 번째 초고는 지금 쓰고 있는 이 글이다. 새벽에 일어나 쓰면서 나의 생각을 정리하고 나의 생각과 지식, 노하우, 방법들을 글로 써내려간다. 새벽에 글을 쓰면 글의 맥락이 분명해진다. 글이 옆길로 새는 경우가 거의 없어진다. 그만큼 집중이 잘된다고 할 수 있다. 책을 읽을 때의 집중력이 글을 쓸 때에도 여전히 발휘된다. 그리고 또 하나 새벽만의 특이한 매력은 아이디어가 많이 생긴다는 것이다. 글을 쓸 때 꼭 필요한 부분이다. 꼭지 주제와 관련된 특별한 구상과 글감들을 새벽에는 더 풍성하게 얻을 수 있다. 나에게 새벽이 있는 한 나는 새벽에 일어나 계속 읽고 쓸 것이다.

새벽은 누구에게나 공평하게 존재한다. 누구나 새벽을 소유할 수 있다. 하지만 자신의 선택에 의해 새벽은 자신의 삶에 존재할 수도, 존재하지 않을 수도 있다. 새벽의 가치를 제대로 알게 된다면 새벽에 일어나지 않고 그냥 건너뛰지 않게 된다. 만약 그런 날이라면 오히려 기분이 우울해질 것이다. 새벽 기상에 실패할 경우, 뭔가 손해를 본 느낌이랄까? 또는 아주 소중한 것을 잃었다는 느낌이랄까? 그런 기분을 느낀다. 그렇기 때문에 더욱 새벽은 놓치고 싶지 않은 시간이 되는 것이다.

　나는 새벽에 일어나 집중력 있는 독서와 글을 쓰면서 작가가 되었다. 나의 하루를 구분해보자면 아침-점심-저녁이 아니라 새벽-아침-점심-저녁이다. 새벽 시간이 나에게는 더 추가된다. 이 넷 중에서 가장 소중한 시간은 단연, 새벽 시간이다. 이 시간은 내가 하고 싶은 일은 맘껏 할 수 있는 시간이며 나에게 삶의 활력까지 준다. 이시간은 하루가 지나면 자연스럽게 다시 찾아온다. 새벽이 있기 때문에 나의 소중한 그 일을 매일 할 수 있다. 그것도 가장 상쾌한 뇌를 가지고 최상의 컨디션 가운데서 집중력 있게 그 일을 한다. 그 일이 바로 독서하고 쓰는 일이다. 새벽을 모르는 사람에게는 읽고 쓰는 일이 불규칙한 일이 될 수 있다. 왜냐하면 전업 작가가 아닌 이상 본업을 하면서 해야 하기 때문이다. 하지만 나는 아무리 바빠도 문제없다. 새벽이 있기 때문이다. 새벽에 일어나 매일 그 일을 여유롭게 할 수 있다. 새벽이 있는 한 나는 항상 읽고 쓸 수 있다. 책도 계속 출간될 것이다. 너무 기대되는 일이다. 이 모든 것이 새벽을 알았기 때문에 가능했다. 오늘도 나는 읽고 쓸 상상에 설렘으로 내일의 새벽을 기다린다.

내재된 잠재능력, 새벽에 발현된다

"굿모닝."

"좋은 아침입니다."

아침마다 인사와 함께 나는 블로그에 글을 올린다.

새벽, 책상에 앉아서 처음 하는 일이 블로그에 포스팅하는 것이다. 몇 개월 전만 해도 블로그 포스팅을 어떻게 하는지도 몰랐는데 많이 발전했다. 사람들이 출근하면서 나의 글을 볼 수 있도록 매일 새벽에 포스팅하려 한다. 바쁘면 간단하게라도 한다. 하루도 놓치지 않고 포스팅을 하고 있다. 포스팅을 하다 보니 나만의 방식이 생겼다. 내가 하는 방식은 책 하나를 선정해서 그것을 아침마다 읽고 나의 느낀 점, 배운 점, 실천할 점을 적는다. 이웃님의 입장에서 책의 귀한 구절과 함께 개인적인 부분도 알게 되고 삶에 참고로 할 수 있다. 책을 읽고 나서 포스팅 글 쓰는 그 방법이 심플하면서 의미 있고 쉬운 포스팅 방법이라 것을 알게 되었다. 그 전에는 낮에도 포스팅하고 시간이 일정하지 않았다. 낮에 하는 포스팅과 새벽에 하는 포스팅은 다르다. 새벽에 하는 포스팅은 뭔가 특별한 것이 있는 느낌을 받는다. 낮의 포스팅보다 시간도 많이 걸리지 않는다. 일단 기본적으로 편안하게 포스팅을 하게 된다. 낮의 포스팅이 인위적인 쪽에 가깝다면 새벽의 포스팅은 의식하지 않고도 물 흐르듯이 쓰게 된다는 것이다.

글쓰기뿐 만아니라 다른 부분에 있어서도 새벽에는 나의 새로운 모습을 발견하게 된다. 새벽 시간의 집중적인 물아일체를 경험하면서 내안에 미처 발견하지 못한 부분들을 알게 된다. 나에게 독서도 그런 것 중 하나였다. 또한 평상시 어렵게만 느껴지는 글쓰기에 대한 생각이 확 바뀌는 계기도 되었다. 모든 사람은 말하고 쓰는 욕구를 타고 났기 때문에 새벽에는 자신의 내재되고 감추어진 그런 능력을 제대로 인지하게 된다.

나는 새벽에 글을 쓰면서 글쓰기에 대한 열정이 내안에 있음을 알게 되었다. 그전에 쓰는 것이라고는 담을 쌓고 살았었다. 읽는 것도 마찬가지였다. 읽는 것을 통해서 새벽 시간을 알게 되었고, 집중적인 독서를 통해 책을 출간하면서 새벽에도 글을 쓰게 되었다. 쓰는 것에 대한 새벽 시간의 특별함을 느낌과 동시에 집중적 글쓰기의 매력 또한 인지하게 되었다. 무엇이든지 집중할 수 있는 일은 그 일을 제대로 평가할 수 있다. 그 일이 나에게 어떤 의미를 가지고 그 일이 나의 삶에 어떤 영향을 미칠지 직감적으로 알 수 있다. 독서든 글쓰기든 집중해서 했기 때문에 내 안에서 발견되기를 바라고만 있었던 읽는 것과 쓰는 것에 대한 욕망과 열정을 알게 되었다. 새벽에 포스팅 글을 쓰거나, 원고를 쓸 때 특별함을 느낀다. 새벽에 쓸 경우 느끼는 특별함이란 이런 것들이다.

　우선 새벽에는 글감이 풍성하게 생각난다. 낮에는 글감이 없고 그냥 그렇고 사소해 보이는 글감들이 새벽에는 특별한 의미로 다가온다. 작은 에피소드도 나에게 훌륭한 글감처럼 느껴진다. 예를 들어, 현재 세부 우리 빌리지 집 앞에 알로에처럼 생긴 것이 심어져 있다. 알로에는 아니지만 꼭 알로에와 같은 모양이다. 그러면 그 식물로도 몇 가지 이야기를 풀어갈 수 있다. 뾰족한 부분에 눈이 잘 안 보이는 우리 집 14살 먹은 노견 '모두'가 눈을 찔릴까봐 가위로 끝부분을 자른 이야기, 모두 이야기를 하면서 또 다시 '모두'가 노견이라 앞을 잘못 봐서 마음이 아프다는 이야기, 그럼에도 불구하고 매일 아침 산책하는 이야기가 이어진다. 다시 그 식물 이야기로 돌아와서, 그 식물에서 우리가 그 빌리지에 입주한 한 달 만에 예쁘지는 않지만 기다란 줄기를 한 꽃이 핀 이야기 등 이렇게 이야기 소재가 다양하게 끝없이 이어진다.

　둘째 새벽에 글을 쓰면 술술 쓰여 진다. 글감이 술술 나오듯이 글도 술술 쓰여 진다. 낮에 쓸 때와 다른 느낌이다. 내가 특별한 능력이 있어서가 아니다. 왜냐하면 낮에는 그렇지가 않기 때문이다. 이것의 이유는 아마도 집중과 몰입이지 않을까 싶다. 똑같은 장소에서 글을 쓰더라도 새벽에는 좀 더 집중할 수 있고, 또한 다른 에너지의 영향을 받는 것 같다. 무엇이라고 표현할 수 없지만, 낮의 나와 새벽의 나는 다르다. 이렇게 이야기하니까 신비주의 같은데, 나는 그런 것을 즐기는 사람이 아니다. 그래도 그런 것을 느낄 정도로 새벽에는 특별함을 인지할 수 있다. 이것은 경험해 본 사람만 알 수 있는 부분이라 생각한다. 아는 사람만이 아는 것이다. 그것을 아는 사람은 그 시간을 놓치고 싶지 않고, 좀 더 생산적인 일에 사용하려고 한다. 그 시간의 능력발휘가 최대이기 때문에 그 시간대를 아주 값진 일, 내 인생에서 중요한 일에 할애를 한다. 나도 그렇게 하고 있다.

셋째, 쓰는 것이 재미있어진다. 똑같은 상황과 똑같은 사람이지만 새벽에는 깊은 내면의 나의 모습이 그대로 글로 나타난다. 또한 실제 글감의 아이디어들이 많이 생긴다. 그리고 글도 술술 쓰여진다. 글을 쓰면서 오로지 그것에만 집중을 한다. 한글파일의 하얀 여백을 글로 채워가는 커서와 나만이 존재하는 것이다. 집중을 의도하지 않아도 쉽게 집중이 된다. 너무나 쉽게 몰입 상태로 들어간다. 그러므로 1꼭지, A4용지 2장이나 2장 반을 채워도 글이 분산되지 않고 일관성이 있다. 서론-본론-결론이 딱 맞아 떨어진다. 빠르게 채워가지만 그 형식이 딱 맞추어진다. 읽는 사람들이 편안하게 글은 정돈이 된다. 무슨 말을 쓰고 싶은지, 독자는 무슨 말을 하고 있는지 옆에서 말하는 사람처럼 글이 느껴진다. 그렇기 때문에 낮에 써는 것보다 훨씬 수월해진다.

이 시간을 아껴서 오로지 글 쓰는 것으로 할애하고 싶다. 특히 초고를 쓰기 시작하고 초고 완성날짜를 선포한 이후에는 이 시간이 더욱 값지다. 최대한 다른 활동은 자제하고 초고완성을 위해서 이 시간을 사용하려고 한다. 새벽에 초고를 쓰면 깊은 내면의 이야기들로 빠르게 초고를 완성할 수 있다. 책을 쓰는 사람은 나뿐만 아니라 모든 사람들이 이 새벽 시간을 활용하면 깊이 있는 내용으로 좀 더 가치 있는 초고를 쓸 수 있다.

새벽 시간에 발현되는 특별한 능력, 나는 가끔씩 깜짝깜짝 놀란다. 초고 쓸 때나 다른 글을 쓸 때 낮에 쓸 때와는 확연히 다른 나의 모습을 발견한다. 그것이 무엇일까? 한때는 이런 생각을 했었다. 처음부터 인지한 것은 아니다. 처음에는 어렴풋이 그런 생각을 하다가 지금은 확연히 느낀다. 그래서 새벽만의 특별한 능력발현은 뒷전으로 하고 일단은 새벽 시간을 나의 목표와 직결되는 활동으로 채운다. 왜냐하면 새벽 시간은 아쉽게도 짧기 때문이다. 일어나는 시간에 따라 다르겠지만 최대 2~3시간 정도이다.

자신의 능력을 알고 싶으면 새벽에 일어나라. 자신에게 내재되었지만 평상시 인지하지 못한 그 능력을 새벽에 알 수 있다. 자신의 인생에서 가장 중요한 목표와 관련된 활동을 해라. 독서를 한다거나 책 출간을 위해 글을 쓴다거나 블로그 포스팅을 해라. 아니면 직장에서 중요한 프로젝트 구상을 할 수도 있다. 말하고 싶은 것은 이양이면 몸을 움직이는 운동보다는 머리를 쓰는 활동을 하라는 것이다. 왜냐하면 새벽의 두뇌는 가장 스마트하고 시간이 지날수록 그 기능이 감소되기 때문이다. 가장 스마트한 두뇌를 그냥 허비하기는 아깝다. 그 스마트한 두뇌로 내 인생 소중한 목표를 달성할 수 있는 활동들을 해보자. 낮에 하는 것보다 새벽에 하는 활동이 놀라운 잠재능력을 발휘하게 한다. 자신의 새로운 면을 발견할 수 있다. 새벽에 일어나서 자신의 내재한 특별한 능력을 발견하기 바란다.

새벽에 꼭 일어나야 할 이유 한 가지를 가져라

나는 어릴 때 잠이 많았다. 그래서 부모님들은 항상 말씀하셨다.

"너는 머리만 대면 자냐?"

"누가 업어 가도 모르겠다."

천성적으로 잠이 많았다. 어릴 때부터 그랬다. 그래서 원래 나는 잠이 많은 걸로 뇌리에 각인되었다. 깊이 각인되었다. 주변에서도 잠이 많다고 말해서이기도 하지만 나 스스로 그것을 인정했기 때문이다. 그냥 잠이 좋았다. 잠을 자고 나면 모든 것이 새롭게 셋업되는 느낌이었다. 나의 생각도, 나의 고정관념도, 가치관도 새로워지고 긍정적으로 바뀐 느낌이랄까? 그래서 나는 잠을 사랑했다. 사랑한 만큼 남들보다 더 오랫동안 잠과 함께 했다.

대학 때 스트레스를 받을 때 나는 무조건 수면이었다. 나는 국군 간호 사관학교를 다녔는데, 전 교생이 기숙사 생활을 했었다. 외출도 정해진 시간에만 했다. 일주일에 3번, 수요일, 토요일, 일요일 외출이 가능했다. 귀가시간도 9시까지였다. 한참 에너지 넘치고 활동력이 왕성한 20대 초반에 친구들과 늦게까지 식사도 하면서 이야기도 나누고 싶고, 하고 싶은 것도 많았지만 못했다. 영화를 좋아해서 심야영화도 보고 싶었지만 방학 때로 미루어두어야 했다. 그렇게 오는 무의식적 스트레스를 잠자는 것으로 해소했다. 자고 나면 얼굴이 환해지면서 또 새로운 에너지가 넘치게 되었다. 이러니 잠을 사랑하지 않을 수가 없다.

직장 생활할 때도 잠은 충분히 자야 한다고 생각했다. 직장생활자체가 스트레스 상황일 때가 많다. 누군가는 술을 마시면서, 누군가는 운동을 하면서, 사람들은 다양한 스트레스 해소법을 가지고 있다. 하지만 난 잠으로 알게 모르게 쌓인 피로감과 스트레스를 풀었다. 그리고 이렇게 생각했다.

"직장을 잘 다니기 위해서라도 잠은 충분히 자야 해."

"잠은 누구한테도 양보할 수 없어."

잠이 무슨 대단한 것이라도 되는 양 잠에 집착했다. 잠은 적당히 잘 경우 보약이지만 너무 많이 잘 경우 오히려 해가 된다는 이야기를 한다. 하지만 나는 그렇게 생각하지 않았다. 잠은 내가 원하는 만큼 푹 자야 좋은 것이다, 라고 생각했다. 그래서 낮잠도 예외가 아니었다. 낮잠을 한번 자면 최소 3시간은 잤다. 3시간 정도 자야 개운해진다. 남들은 다 신기하게 생각했다. 남들 밤잠 자듯이 낮잠을 잔다고 아주 특이한 사람 보듯 했다. 하지만 나는 다른 것은 몰라도 잠은 꼭 내가 원하는 만큼 푹 자야했다. 그런 내가 지금은 새벽에 일어나고 있다. 새벽에 일어나서 하고 싶은 일이 생겼기 때문이다.

독서를 하기 시작하면서 나는 새벽에 일어났다. 육아의 어려움과 직장 매너

리즘을 극복하기 위해 책을 읽기 시작했다. 책을 읽으면서 나의 세상살이 문제가 하나씩 해결되면서 독서가 더욱 좋아지게 되었다. 현실은 녹록하지 않은 것, 아이들 3세, 4세 어린 나이라 나의 시간을 갖기가 힘들었다. 아이들 잘 때 피곤하여 조금 같이 쉬다가 책을 보려고 하면 어느새 아이들은 깨어난다. 아이들은 엄마가 옆에 없을 때를 기가 차게 잘 안다고 하더니……. 옆에 같이 누워있으면 잘 자는데, 잠시 일어나 할 일을 하면 아이들은 바로 깬다. 그래서 결국 책을 읽기 위해서 찾은 시간대가 새벽이었던 것이다.

독서가 나에게 새벽을 알게 해주었다. 책을 먼저 잡지 않았다면 새벽을 알지 못했을 것이다. 왜냐하면 잠은 나에게 스트레스 해소제이고 피로를 푸는 최고의 방법이었기 때문이다. 사실 독서가 아무리 좋아도 새벽 시간대는 선택하고 싶지 않았다. 새벽에 일어나면 잠을 줄여야 하는데, 정말 그것만은 양보하고 싶지 않았다. 잠을 사랑하는 1인으로서 하나마나 실패라고 마음속으로 호언장담을 했다. 그래서 새벽 기상을 결심하지 못했다. 새벽 기상 하겠다고 마음의 결정을 하지 못했다. 결정하는데 돈 드는 것 아닌데, 왜 새벽 기상 결정이 그렇게 어려웠던지…….할까 말까를 몇 번이나 반복하다가 결국 독서시간을 도저히 만들 수 없어 결정을 하게 되었다. 새벽 기상 결정을 하고도 한 동안 새벽 기상은 그림의 떡이었다.

인간도 관성의 법칙의 지배를 받는다. 관성의 법칙, 하던 대로 하고 싶어 한다. 습관대로 살고 싶어 한다. 더 좋은 것이 있더라고 지금의 것을 고수한다. 지금의 것이 가장 좋다. 한마디로 바꾸는 자체가 싫은 것이다. 더군다나 현재 가장 좋아하는 부분을 포기해야 한다고 하면 실천하기 쉽지 않다. 잠보다 더 좋은 것을 느껴야 실천하기 쉬워진다. 현재 좋은 것이지만 그래도 그것을 포기하려면 현재의 그것보다 더 좋은 것을 알거나 느껴야 한다.

새벽에 읽는 독서 달달한 맛이 잠의 유혹을 이겼다. 처음 새벽에 일어나는 자체가 힘이 들었다. 하지만 새벽 기상결심을 하고 매일은 아니지만 일주일에 한 번, 두 번 일어났다. 새벽수영도 등록해서 돈의 힘을 빌렸다. 어쩌다가 일어날 때는 꼭 독서를 했다. 한두 번 새벽에 책을 읽다보니 새벽독서는 낮의 독서와 질적으로 다르다는 것을 알게 되었다.

새벽에 읽는 책은 나의 삶에 그대로 살아서 움직인다. 낮의 독서는 집중하는 데까지 시간이 걸린다. 왜냐하면 주변 환경이 다 깨어있는 상황이라 신경이 분산되기 때문이다. 조용한 곳에 혼자 있을 경우는 주변 환경은 조용하다. 하지만 나의 의식상태가 새벽과 다르다. 새벽에는 고요하고 무엇이든지 받아들인 준비가 되어 있는 의식이라면 낮의 의식은 좀 더 비판적이고 예민하다고 할 수 있다. 책의 내용도 자신의 가치관에 맞는 것 위주로 취사선택하게 된다. 그렇게 되면 자신이 보고 싶은 것만 보게 되므로 다양한 경험과 체험을 하기 힘들어진다. 그리고 변화 또한 더디게 된다. 무엇보다 집중하고 몰입하는 상태가 되기 어려워진다. 책과 하나가 되는 느낌을 받을 수 없다. 책과 하나가 되면서도 나에게 없는 부분들을 나의 삶으로 가져오게 된다. 노력을 하지 않아도 새벽독서는 그렇게 된다. 이것이 중요한 것이다. 특별히 노력하지 않아도 책에 집중하고 책의 많은 자료를 내 것으로 활용할 수 있다는 것이다.

이런 독서체험을 위해서 나는 매일 새벽에 일어난다. 낮의 독서에서는 맛볼 수 없는 독서의 새로운 맛을 느끼므로 제대로 된 기쁨을 느낀다. 그리고 만족스럽다. 인위적인 것이 없이 오로지 책과 나만의 일치감만이 존재한다. 이런 상황에서 새로운 아이디어도 많이 나오는 것을 느낀다. 아주 사소한 것에서부터 인생에 대한 아이디어까지 다양하게 뿜어져 나온다. 새벽을 체험해보아야만 제대로 알 수 있는 부분이다.

내가 새벽에 일어나는 한 가지 이유는 독서이다. 독서를 하기 위해 처음 새벽 기상을 결정했다. 현재 거의 4년이 지났다. 4년 전 시작한 새벽 기상을 지금까지 이어오고 있다. 앞으로도 나는 쭉 새벽에 일어날 것이다. 새벽의 특별함을 알고서는 그 시간에 잠을 잘 수가 없다. 오히려 새벽 일어나는 시간이 점점 당겨진다. 처음에는 6시에 일어났다. 그리고 5시, 현재는 4시 기상 목표로 새벽 기상 사랑에 푹 빠졌다. 또한 새벽 기상을 해야 하는 이유가 하나 더 늘었다. 글을 쓰는 것이다. 독서를 하기 위해 새벽 기상을 시작했고 시간이 지나면서 이제는 글도 쓰기 위해서 새벽에 꼭 일어나는 것이다. 새벽글쓰기도 새벽독서처럼 낮의 글쓰기와 아주 다르다. 신비적인 느낌이 들 정도이다.

새벽에 일어나야 할 단 한 가지 이유를 갖자. 한 가지라야 더 잘 일어날 수 있다. 꼭 필요한 일, 내 삶에서 이 것 하나로 엄청난 긍정적 파장효과를 낼 수 있는 한 가지 일을 정하자. 그것이 독서일 수도 있고 사람에 따라 또 다른 것일 수 있다. 어렵게 생각하지 말자. 한 가지 이유만으로 충분히 새벽 기상 실천가능하다. 내가 새벽에 해야 할 한가지 일, 새벽에 그것을 함으로써 새벽 기상 습관화하고 새벽의 기적과 같은 변화를 삶에 일으키기를 바란다.

새벽에 책 읽는 맛을 즐겨라

5년 전부터 나는 책을 읽었다. 대학 졸업 이후 한 동안 뜸하다가 다시 본격적으로 책을 읽기 시작한 것은 그때부터이다. 그 전에는 바쁘다는 핑계로 책을 등한시 했다. 아마 대부분의 사람들이 나와 같은 이유로 책을 읽지 않고 있을 것이다. 나도 일반 사람들과 조금도 다르지 않았다.

무슨 일을 할 때는 어떤 계기가 있듯이, 나의 독서 시작도 계기가 있었다. 그것은 바로 육아의 어려움과 직장생활에 대한 회의감이었다. 남들보다 늦은 출산과 육아. 대학 졸업 직후부터 이어진 직장생활. 모든 것들이 한꺼번에 나를 힘들게 했다. 특히 평생 처음인 육아는 맨땅에 헤딩하는 막막한 심정 그 자체였다.

'이 세상의 엄마들은 어떻게 아이들을 키웠을까?'

'육아는 끝이 없다. 산 너머 산이다.'

이런 생각으로 아이를 다 키운 엄마들을 보면 존경스럽기도 부럽기도 했다. 우여곡절 끝에 해결법으로 찾게 된 것이 책 읽는 것이다. 특히 새벽에 읽는 독서로 나는 많은 변화들이 일어났다.

책에는 나보다 먼저 육아를 한 사람들의 경험담이 있었다. 그것도 수도 없이 많았다. 육아법 저자들의 깨알 같은 경험담은 그 어떤 가르침보다 나에게 값졌다. 그리고 내가 필요할 때마다 필요한 정보를 선택할 수 있다는 점에서 책은 매력적이었다. 그렇게 육아서를 한 권, 두 권 읽으면서 나는 책 읽는 재미를 느끼게 되었다.

책을 읽으면서 육아에 대한 궁금한 점을 해결할 뿐 아니라 다른 정보까지 얻게 되었다. 정보만이 얻는 것이 아니었다. 다양한 주제의 다양한 배움과 깨달음으로 독서의 매력에 빠졌다. 주제는 육아로부터 시작했지만 내가 읽게 되는 주제는 점점 더 확대되었다. 관심 있는 주제가 많아지면서 나의 독서시간도 더 필요하게 되었다. 또한 독서 권수 목표까지 실천하는 상황에서 더 많은 시간이 요구되었다. 하지만 아이들은 어려서 돌봄이 필요하고, 나는 직장까지 다녀야 하는 상황에서 내가 사용할 시간은 한계가 있었다. 그래서 마지막 보류였던 새벽. 정말 이 시간만큼은 사용하기 어렵다고 항상 생각했던 그 시간을 기웃거리기 시작했다. 지금 돌이켜보니 정말 진작 사용했었어야할 인생에서 보물 같은 시간이었다.

처음 새벽에 일어나기 시작한 이유는 독서를 위해서이다. 잠이 많은 나는 새벽에 책을 읽는 다는 것을 상상 하지 못했다. 나는 잠만은 푹 자야 한다고 항상 생각했다. 잠을 줄여서 다른 무엇인가를 한다는 것은 백해무익할 뿐 아니라 오히려 독이 된다, 라고 생각했다. 그런 내가 스스로 새벽을 사용하게 된 것이다. 독서의 매력을 알게 된 직장 맘으로서 새벽 시간 활용은 필수이다.

새벽밖에 내가 쓸 수 있는 시간이 없었다. 책은 읽고 싶은데 낮에 너무나 바쁘고 피곤하여 읽을 수가 없었다. 낮에 읽기는 읽어도 자투리시간으로 읽어야 했다. 더 읽고 싶은 욕구가 많았으나 읽을 수가 없었다. 그래서 책을 읽기 위해 새벽 시간을 찾은 것이다. 아침잠을 반납하고 독서를 하려 한 것이다. 그래서 새벽의 가치를 먼저알고 새벽에 일어나야겠다고 생각한 것이 아니라, 어쩔 수 없이 새벽을 선택한 것이기에 의문이 들었다. '이렇게 까지 해서 책을 읽어야 하나?' 라고 생각했다. 독서도 좋지만 꿀맛 같은 아침 수면을 양보하고 싶지 않았기 때문이다. '책을 얼마나 많이 읽겠다고 내가 아침잠을 반납해야하나?', '이것이 맞는 것인가?' 스스로에게 계속 질문을 했다. 이때에도 새벽 형 인간 이란 개념도 알고 있었고 새벽이 좋다, 라는 것을 알고 있었지만 그것은 나와 상관없는 이야기였다. 그 누구보다 나 스스로 새벽에는 잠, 새벽은 달콤한 휴식이란 등식을 세우고 있었다.

지금 나는 그 누구보다 새벽 예찬론자가 되었다. 새벽에 색다른 경험을 했기 때문이다. 새벽에 책을 읽으면서 진정한 독서는 새벽에 이루어진다, 라는 생각을 했다. 독서는 언제든지 할 수 있다. 책 하나, 스마트 폰 하나 있으면 잠시 잠깐이라도 할 수 있는 것이 읽는 것이다. 시간, 장소의 제약을 많이 받지 않는다. 글 쓰는 것보다는 그런 부분에 있어서 독서가 자유롭다. 하지만 독서 도 시간대와 장소에 따라서 그 차원이 다른 독서가 된다는 것을 알게 되었다. 새벽독서를 하면서 알게 된 것이다.

새벽독서는 낮의 독서와 다르다. 낮에는 활동량이 많다 기본적으로 낮에 활동하고 밤에 수면을 취하는 바이오리듬을 사람들은 가지고 있다. 그래서 조용히 앉아서 무엇인가를 하기보다는 액티브한 활동을 몸은 선호하게 된다. 물론 직업에 따라 다소 성향이 다르고 변화될 수 있지만 기본적으로 많이 움직이게 된다. 새벽은 낮으로 가는 시간대이다. 깨어나서 본격적으로 활동하기 전의 시간이다. 쉽게 말해 깨어나는 시점이라고 할 수 있다. 정신부터 시작해서 신체, 세상의 기운이 깨어난다. 이때 조용히 앉아서 책을 보면 책의 내용을 깊이 있게 보면서 사고하고 나의 삶으로 끌어들인다. 신기하게도 이런 메커니즘이 쉽게 일어난다. 그래서 책의 내용들이 하나하나 나의 정신세계에서 살아 움직이는 듯 한 느낌을 받는다. 내가 중심이 되는 독서로, 자연스럽게 나를 기준으로 취할 것은 취하고 버리게 된다.

단 한 문장을 읽더라도 많은 깨달음을 얻게 되는 것이 새벽독서이다. 낮에 하는 독서는 정말 관심 있는 주제나 단어에만 꽂히는 경향이 있다. 그런 반면 새벽의 독서는 깊이 있게 작가와 소통하면서 나에게 중요한 부분에 집중하게 된다. 쉽게 말해서 깨끗한 도화지 위에 핵심적인 그림을 그려나간다는 느낌이다. 새롭게 깨끗해진 새벽의 두뇌에 나의 삶에 피가 되고 살이 될 인생의 중요 핵심들인 그 무엇인가가 얹혀 지는 느낌. 그래서 더욱 집중하게 된다.

나도 지금은 새벽마다 한 꼭지씩 초고를 쓰고 있다. 글쓰기를 하기에 아주 좋은 시간대가 역시 새벽 시간이라는 것을 경험으로 알게 되었기 때문이다. 하지만 초고쓰기를 하면서 내가 거르지 않는 것이 독서이다. 초고는 가끔씩 못 쓰는 상황이 있더라도 독서는 빠트리지 않고 매일 한다. 특히 새벽독서의 맛을 알게 된 이후에는 새벽독서는 꼭 챙긴다. 잠시 잠깐이라도 새벽독서의 그 환상적인 독서 맛을 놓치고 싶지 않기 때문이다.

책이 없었다면 새벽의 가치도 몰랐을 것이다. 나는 독서를 하기 위해 일찍 일어났다. 책 읽을 덩어리 시간을 찾아서 새벽 기상을 각오했었다. 권 수목 표를 달성하기 위해 새벽독서를 하게 되었다. 새벽독서를 통해서 독서의 진정한 세계에 들어가게 되었다.

새벽독서로 독서의 질적 향상이 일어난다. 독서의 새로운 세계를 알게 된다. 그런 거창한 표현보다 일단 독서가 더욱 즐거워진다. 많은 배움과 깨달음으로 행복한 감정을 느낄 때도 있다. 낮에 하는 독서가 없는 시간을 쪼개서 뭔가 쫓기는 불안감이 무의식에 깔린 독서라면 새벽독서는 평안한 마음으로 자신의 내면에 충실한 독서라고 할 수 있다. 내면에 충실하니까 책의 내용도 깊이 있게 바라볼 수 있고 나의 삶에 적용할 부분도 쉽게 파악이 된다. 새벽독서를 경험한 사람은 독서의 세계에 깊이 빠지게 된다. 책 읽는 맛을 즐기면서 새벽독서를 매일 기다리게 될 것이다.

어떤 상황에서도 새벽은 놓치지 마라

내가 공감하는 명언이 있다. 공자가 한 말이다.

일생의 계획은 젊은 시절에 달려 있고,

일 년의 계획은 봄에 있고,

하루의 계획은 아침에 달려 있다.

젊어서 배우지 않으면 늙어서 아는 것이 없고,

봄에 밭을 갈지 않으면 가을에 바랄 것이 없으며,

아침에 일어나지 않으면 아무 한 일이 없게 된다.

이 명언에서 가장 마음에 와 닿은 부분은 제일 마지막 부분이다. '아침에 일어나지 않으면 아무 한 일이 없게 된다.' 이런 경험을 여러 번 했었다. 새벽 기상을 하기 전에는 자주 늦잠을 잤다. 늦잠을 자고 헐레벌떡 출근을 하는 경우가 많았다. 특히 결혼 전에는 자주 그랬었다. 군 병원에 근무할 때 병원 내 기숙사 생활을 했다. 병원은 바로 엎어지면 코 닿을 곳에 있었지만 늦잠으로 인해 허둥대며 출근했다. 밤 시간을 너무 사랑한 나머지 귀한 아침시간을 챙기지 못했었다. 그렇게 허둥대고 출근하면 하루 종일 그 영향을 받는다.

아침이 정신없으면 하루 업무에 영향을 미친다. 매일 허둥대는 아침을 살 때는 그것이 당연하다고 생각했다. 하지만 그렇게 살지 않고 새벽에 일어나 시간을 가지고 여유롭게 출근을 해 보니, 그 차이를 확연히 느낄 수 있었다. 새벽에 일어났을 때와 새벽에 일어나지 못했을 때, 새벽에 고요히 자신의 시간을 가지면서 책도 읽고, 명상도 하면서 삶을 돌이켜 생각하고 미래를 설계하는 시간을 가지는 것과 새벽은커녕 아침 출근하기에도 빠듯하게 허둥대며 출근하는 것과의 차이는 하늘과 땅의 차이라는 것을 알게 되었다.

하루는 아침의 모습을 닮아간다. 아침에 허둥대면 하루가 허둥대게 된다. 외면상은 그렇지 않을지 모르지만 첫 출근할 때부터 지각할까봐 긴장되고 아슬아슬한 기분으로 출근해서 업무를 하면서도 그 여운은 계속 마음에 남게 된다. 인간의 마음은 그렇다. 비록 아침이 그렇다고 하더라도 빨리 안정된 상태로 회복될 수도 있지만 시간이 걸린다. 출근 2시간 정도 지나야 경우 안정이 된다. 가장 액티브한 뇌 활동으로 집중도 있게 효율적인 업무를 해낼 수 있는 그 시간이 나의 안정을 찾는 시간으로 대체되기 십상이다. 업무의 최대 성과가 나타날 수도 있는 귀한 시간이 낭비되는 것이다. 그 시간을 낭비하는 것은 하루 전체 업무나 개인적 성과에 마이너스가 될 수밖에 없다. 공자의 말처럼 아무 한 일이 없게 되는 것이다. 이것은 경험을 통해서도 여러 번 느낀 것이다.

그래서 새벽에 일어나는 것이 필요하다. 새벽에 일어나면 일단 자신의 시간을 가질 수 있다. 이것이 가장 큰 메리트이다. 세상이 모두 잠든 조용한 시간이 나의 시간이 된다. 비록 잠은 좀 덜 자더라도 결코 손해 보지 않는 것이다. 새벽 시간에 독서하고 글을 쓰면서 나를 돌아본다. 내 삶도 돌아본다. 아이들이 있다면 아이들에 대한 생각도 한다. 자식의 교육을 어떻게 시켜야할까 부모라면 누구나 생각하는 부분을 새벽에 집중해서 심도 있게 가끔씩 생각한다. 즉, 나의 인생에서 가장 중요한 주제들에 대해 새벽 시간에 집중적으로 생각하고 효율적인 결론을 내린다. 이런 시간을 가진 후 출근을 하게 되면 마음의 중심이 생기면서 편안하게 출근을 할 수 있다. 출근을 해서도 업무하는 것이 출근할 때의 편안한 그 모습이 되는 것이다.

새벽은 옷의 단추에 비유하면 첫 단추에 해당된다. 첫 단추인 새벽에 일어나야 마지막인 하루의 마무리에도 무난하고 깔끔하게 마감할 수 있다. 첫 단추를 잘못 끼우면 마지막 단추 끼울 구멍이 없어져 이상하게 옷을 입게 되듯이, 새벽을 건너뛰고 허둥대면서 출근하거나 아침을 맞으면 하루 마무리할 시간 즈음, 하루 중에 무엇을 했는지 의구심이 생기게 된다. 나의 소중한 인생 목표를 위한 하루가 되기보다 반복되는 일상의 단순한 시간으로 하루가 채워지게 될지도 모른다. 경험을 통해 이런 것을 알게 된 나는 어떤 상황에서라도 새벽만은 놓치지 않으려 한다.

아이들 방학 때가 되면 나는 친정을 찾는다. 지방에 있는 친정을 초등 저학년인 아이들 둘을 데리고 간다. 아이들은 시골 할머니 집을 좋아한다. 연세 많은 어머니도 혼자계시다가 우리가 오면 좋아하신다. 이제 사람 사는 맛이 나신다고 하시면서 흐뭇해하신다. 물론 아이들 때문에 시끄러워 매일 보시는 드라마를 잘 못 보셔서 아쉬운 점도 있지만 그래도 좋아하시고 즐거워하신다. 나도 오랜만에 고향집을 찾으면 기분이 좋아진다. 어머님은 오랜만에 온 딸과 손자 손녀를 위해 돼지고기 듬뿍 넣고 맛난 김치찌개도 끓여주신다. 아이들 좋아하는 요플레도 미리 잔뜩 사놓으신다. 챙겨주시는 부모님의 사랑은 항상 변함이 없다.

나는 친정을 찾을 때도 새벽에 일어난다. 친정어머님이 깰까봐 조심스럽게 부엌으로 나간다. 부엌에 있는 식탁이 나의 책상이 된챙겨주시는 부모님의 사랑은 항상 변함이 없다.다. 조용히 나가서 부엌 불을 켜고 책을 본다. 비록 장소는 바뀌어도 책을 읽는 맛은 여전하다. 출간이후에는 책을 읽는 것에 블로그 포스팅하는 것이 하나 더 추가되었다. 읽고 쓰는 것이 그 어떤 시간의 읽고 쓰는 것보다 집중과 몰입이 잘된다. 집중과 몰입이 잘되니 그 시간이 만족스럽고 행복하다. 내면의 변화도 크다. 새벽에 무엇을 하든 간에 자신의 변화로 이어진다. 일의 종류에 따라 조금 차이는 있을 수 있지만 새벽에 일어나는 자체가 곧 자신의 변화, 자신의 혁신과 연결될 수밖에 없다.

친정어머니는 내가 새벽에 일어나 책 보는 것을 보시고 말씀하신다.

"아구~ 피곤한데 잠이라도 푹 자지, 힘들지 않냐?"

"내 딸이지만 대단하다, 늦은 나이에 애 낳고 아이들 키우는 것도 힘들 텐데, 무슨 책을 그렇게 보냐?"

어머니는 걱정이라고 말씀하신다. 새벽에 일찍 일어나 책 보는 것을 한편으로는 이해를 못한다고 이야기하신다. 나는 새벽에 일어나 책보는 것이 자연스러운데 보는 사람 입장에서는 굳이 그렇게 까지 할 필요가 있을까? 생각하시는 것 같다. 나를 낳은 친정어머니까지도 왜 새벽에 잠 안자고 책을 보냐고 이야기를 하신다. 정말 새벽 기상이란 아는 사람만 아는 것이라 말할 수 있다. 새벽에 일찍 일어나는 그 맛을 아무나 알 수 없는 것이다. 해보지 않고, 느껴보지 않고 좋은 것을 알 수 없듯이, 새벽 기상 맛을 느껴보지 못한 사람, 그 가치를 직접 피부로 느껴보지 못한 사람은 이해할 수 없는 부분일 것이다. 직접 새벽에 일어나 모든 일에 100% 집중할 수 있는 그 맛을 직접 경험해야 이해할 수 있다.

나는 텐트 여행을 가서도 새벽에 일어난다. 아이들 학교에서는 여러 행사들이 있다. 아이들은 고양자유학교라는 고양에 있는 대안학교에 다녔다. 현재는 세부에 와 있지만 한국에 가면 다시 다닐 학교이다. 그곳에서는 학년마다 모임이 자주 있다. 단합을 위해 년 1~2회 정도 1박2일로 여행도 간다. 공식적으로 비공식적으로 여행을 간다. 한번은 텐트여행을 갔다. 밤동안 술도 마시면서 즐거운 시간을 보냈다. 나도 역시 마찬가지로 마음을 나누는 자리로 즐겁게 보냈고 늦게까지 함께하는 시간을 보냈다. 그래도 나는 새벽에 일어났다. 새벽의 달콤한 시간은 누구에게도 양보하고 싶지 않은 나의 소중한 시간이 되었기 때문이다. 놀러간 곳에서까지 새벽에 일어나 책을 읽기에 남들의 눈치가 보이기는 했지만 그래도 그 시간은 양보할 수 없다. 하루에 딱 한 번뿐인 시간인데, 그 시간을 놓치면 그 날은 새벽이 끝인 것이다. 그 날의 새벽은 한번뿐이다. 그 한 번뿐인 귀한 시간, 소중한 시간은 어떤 상황에서도 포기할 수 없는 것이다.

새벽 시간은 보통 시간과 다르다. 24시간이 다 똑같지 않겠지만 특히 새벽 시간은 특별한 시간이라고 말할 수 있다. 무엇이든지 집중적으로 할 수 있는 시간이다. 풀리지 않은 문제가 있다면 새벽에 그 문제를 고민해봐라. 아마 가장 효율적인 해답을 얻을 수 있을 것이다. 새벽에 가장 액티브한 뇌 상태이기 때문에 자신도 깜짝 놀랄 만한 좋은 생각들이 뿜어져 나온다. 그런 시간을 그냥 흘려보내는 것은 흘려보낼수록 나에게 마이너스라고 생각하면 딱 맞다. 흘려버린 새벽 시간만큼 나에게 소중한 깨달음과 배움을 덜 얻게 된다. 그 시간이 인생 일대의 어떤 기회를 만들 수도 있다. 인생의 기회가 새벽과 함께 오는 것이다. 새벽 시간은 놓치지 마라. 새벽 시간 어떠한 상황에서든 절대 놓치지 마라.

밤 시간 줄이고
기적의 새벽 시간을 늘려라

    시간은 누구에게나 공평하다. 그것을 어떻게 활용하느냐에 따라 우리가 만드는 결과물에는 많은 차이가 나타난다. 이양이면 상쾌한 뇌 상태에서 나에게 중요한 그 일을 한다면 노력대비 대단히 만족스러운 성취를 이루어낼 수 있다. 그 방법 중 하나가 피곤한 밤에는 잠을 자고 대신 새벽 시간을 활용하는 것이다.

    나는 작년 2018년 9월 17일, 이 곳 필리핀 세부에 왔다. 세부에 온 이후 아이들은 학교에 입학했고 나는 2번째 책 쓰기에 돌입했다. 《하루 한권 독서법》 출간 이후 2번째 책 쓰기였다. 목차는 한국에 있을 때부터 만들었다. 목차 만들기만 한 2~3개월 정도 소요된 것 같다. 한국에서 그런 과정이 있었기에 세부에서 바로 목차 완성을 할 수 있었다. 그리고 목차에 맞추어 자료를 수집하고 꼭지 글을 써나갔다.

초고쓰기는 최대 한 달의 시간제한을 둔다. 초고쓰기를 길게 하면 지친다. 그래서 나는 1달의 시간을 두고 완성하기 위해 노력한다. 자료 수집은 초고를 쓰면서 함께 한다. 사실 남의 이야기보다는 나의 이야기, 나의 사례, 나의 일화를 주로 많이 넣는다. 나의 이야기가 가장 생동감 있고 재미있기 때문이다. 쓰는 작가의 입장에서도 자신의 이야기이기 때문에 가장 잘 쓸 수 있다. 독자도 작가의 이야기에 관심을 가지고 호기심을 보인다. 그렇기 때문에 자료 수집은 많이 필요하지는 않는다. 나의 경험과 나의 이야기이니 내 안에 그 자료들이 들어있다. 전문적인 서적과 자기계발서는 다르다는 점. 자기 계발서는 자신의 주장과 방법, 노하우가 주된 내용이란 점 인식하면 책 쓰기 장벽을 낮출 수 있다.

나는 오후 1시가 될 때까지 글 쓰는 작업을 한다. 새벽에 5시쯤 기상해서 간단히 맨손체조를 하고 책을 읽고 글을 쓴다. 될 수 있으면 새벽에 최소 꼭지 글 1개는 완성하려고 한다. 어떨 때는 2개도 완성될 때도 있다. 물론 꼭지제목이 만만할 경우이다. 그렇게 많지는 않지만 충분히 가능하다. 그렇게 쓰다가 아이들 학교 갈 준비를 한다. 이곳은 7시 50분까지 학교를 가야하기에 아이들은 늦어도7시에 깨운다. 깨워서 밥을 먹도록 준비해주고, 도시락 2개, 간식, 물을 준비한다. 그렇게 바쁘게 시간을 보내고 아이들은 학교에 가고 나면 또 나는 초고 쓰는 작업에 들어간다. 그렇게 해서 꼬박 나의 책상이기도 한 식탁에 앉아 오후 1시까지 더 쓴다. 총 시간으로 따져보면 새벽 3시간, 그 이후 시간 5시간, 총 8시간이 된다. 중간 점심 먹는 시간 빼서 7시간에서 8시간정도 된다.

저녁시간이 되면 피곤해진다. 아이들은 4시가 되면 학교가 끝나고 집에 온다. 바로 옆에 있어서 자기들이 알아서 온다. 요즘은 학교 선생님에게 튜터를 받아서 5시에 오는 경우도 있다. 아이들이 오면 먹는 것을 챙겨준다. 아이들 학교에 있었던 일도 물어보고 아이들과 이야기를 나눈다. 특히 작은 아이는 여자아이라서 그런지 친구들과의 관계에서 소소한 문제점들을 많이 이야기한다. 그것에 대해서 엄마의 생각과 대처 방법에 대해 이야기해준다. 가끔 학교에서 울었다고도 이야기한다. 그러면 더욱 이야기 시간이 길어진다.

이렇게 하루가 나름 빠듯하고 저녁으로 갈수록 피로감은 쌓인다. 저녁을 지나 밤으로 갈수록 체력은 떨어지고 에너지도 고갈된다. 누구나 마찬가지이다. 이런 피로감을 무시하고 퇴근할 때 다시 술이라도 한 잔하고 하면 더욱 힘들어질 수 있다. 그래도 대부분의 직장인들은 회사에서 쌓인 스트레스와 피로감을 그렇게 푸는 것을 즐기는 경우가 많다. 그렇게 푸는 것이 제대로 푸는 것인지 한번 생각해보아야 한다. 직장인뿐 아니라 가정주부도 마찬가지이다. 가정주부라고 편안한 것은 아니다. 직장인들과 하는 일만 다를 뿐이다. 노동의 강도는 비슷하거나 더하면 더했지 덜하지 않는다. 그렇기에 밤 시간이 되면 정말 피곤해지는 것은 당연한 일이다. 피곤한 상태에서 하는 일이 효율적이기는 힘들다. 이를 악물고 꼭 해야 할 그 일을 한 들, 들인 수고에 비해 그것의 완성도는 떨어진다고 볼 수 있다.

하루 중 스마트한 시간을 늘려라. 내가 새벽에 일어나는 이유는 스마트한 시간을 가지기 위해서이다. 아침에 늦게 일어나서 식사는 하는 둥 마는 둥 하고 헐레벌떡 출근을 한다고 가정해보자. 가장 스마트한 뇌 활동의 시간을 그냥 흘려버리는 것은 물론 그 시간을 가장 최악의 시간으로 만들게 되는 것이다. 출근해서도 마음을 가다듬는데 시간이 필요하다. 본격적으로 일을 집중해서 할 수 있는 시간은 점심 먹기 전 2시간 정도이다. 점심을 먹고 나서는 오후 식곤증이 몰려온다. 오후 1시간 반짝 깨어있고 저녁 퇴근해서는 다시 즐겁지만 그냥 친목도모의 시간으로 채우는 경우가 많다. 자신의 인생 성공과 관련된 일을 하는 시간은 몇 시간이 안 된다. 보통 사람들 그렇게 시간을 그냥 흘려보내는 것도 인지하지 못한다. 새벽에 일어나면 이 스마트한 시간이 늘어난다. 새벽에 일어나서 활용시간을 늘리는 것이 목적이 아니다. 한 시간이라도 스마트한 시간을 갖기 위함이다. 뇌가 활성화된 시간에 집중해서 인생 목표 관련된 행동을 하기 위해 새벽에 일어난다.

아무리 피곤해도 새벽이 되면 다시 살아난다. 어제도 나는 피곤했다. 초고를 쓸 때 초고 완성을 위해 계획을 세운다. 40꼭지를 한 달 동안 완성하기 위해 하루에 써야 할 꼭지 수를 정했다. 보통 하루에 2개씩 쓰는 것으로 했다. 계획은 그렇지만 변수가 많다. 중간 중간 처리해야 할 일들이 많다. 특히 한국이 아니기 때문에 더 할 일들이 많이 발생한다. 어제는 비자연장을 한다고 이민국을 갔었다. 그래서 꼭지 글을 쓰지 못했다. 못 쓴 꼭지 글도 함께 하려니 더욱 바쁘다. 그렇게 몸도 마음도 바빠지면 피로감이 몰려온다. 글을 쓰기에 두뇌회전이 느렸다. 그래서 일찍 잤다. 9시쯤 올라가서 수면을 취했다. 새벽에 다시 깼을 때 나는 다시 글을 쓸 에너지가 넘친다. 모든 것들이 글감이 되는 아이디어가 샘솟는다. 그리고 빠르게 쓴 글의 내용도 누구에게나 공감을 안겨다 줄 수 있을 정도로 풍성한 내용의 글이 된다.

하루 24시간, 다 똑같은 시간이 아니다. 하루 24시간이 다 똑같이 의미 있는 시간이 되는 것이 아니다. 의미 없이 그냥 흘려버리는 시간도 있다. 나에게 꼭 필요한 시간은 따로 있다. 내가 목표로 하는 것을 이루기에 좋은 시간, 내가 집중할 수 있는 시간, 같은 일을 해도 효율성이 3배로 나타나는 시간, 이런 시간들을 내 생에서 늘려야 한다. 그리고 있으나 마나한 시간, 오히려 있을수록 해가 되는 시간, 효율적인 뭔가를 만들어 낼 수 없는 시간은 줄여야 한다. 앞의 시간이 새벽에 가까운 시간이고 뒤의 시간이 밤에 가까운 시간이다. 밤의 시간은 많이 가질수록 자신의 하루에 자신의 인생에 득보다는 실이 많다.

밤 시간은 독약에 가깝다는 사실을 나는 알게 되었다. 새벽을 몰랐을 때는 그런 생각 자체를 하지 못했다. 늦게까지 깨어있을 때도 많았다. 늦게까지 깨어있는 다음날은 항상 피곤했는데도 밤의 시간이 좋아서, 아까워서 생산적이지도 않은 밤의 시간, 늦게까지 깨어있었다. 밤늦게까지 자지 않는다면 새벽의 시간은 없어진다. 가장 스마트한 뇌를 가질 수 있는 시간을 낭비하게 된다. 스마트한 뇌를 가져야 나에게 생각지도 않은 기적과 같은 일들이 일어난다. 왜냐하면 스마트한 뇌는 집중력 있게 무엇인가를 하게 되고 많은 기회를 나의 인생에 부여하기 때문이다.

밤의 시간을 최대한 줄여라. 밤은 피로감이 쌓이는 시간대이다. 밤이 깊어갈수록 피로감은 강해진다. 그럼에도 불구하고 밤이 좋다고 하는 경우는 새벽의 가치를 제대로 모르기 때문에 하는 말일 수 있다. 새벽 시간의 효율성을 안다면 밤이 아무리 좋다 해도 그 가치는 새벽의 1/3도 안 된다는 것을 알게 된다. 밤이 아무리 좋다고 하더라도 그 다음날은 늦게 잔만큼 힘든 하루가 된다. 하지만 새벽의 가치를 깨달은 경우, 저녁시간을 특별히 소비하지 않게 된다. 피곤하다고 생각된다면, 바로 취침에 들어가고 새벽에 일어나 그 일을 해라. 새벽 시간에 인생에서 가장 중요한 일들을 해라. 집중도 있게 일을 할 수 있고 또한 기적과 같은 일들이 생길 것이다. 특히, 인생을 성공적으로 살고 싶은 모든 사람들에게 나는 다시 강조하고 싶다.

"피곤한 밤 시간 줄이고 기적의 새벽 시간을 늘려라."

가랑비에 옷 젖듯이 변화한다

새벽에 일어나기 위해 나는 새벽수영을 다녔다. 잠이 많아서 아침에 일어나는 것이 곤욕이었다. 책을 읽기 위해 새벽 시간을 활용하기로 했지만 쉬운 일이 아니었다. 나는 이렇게 생각했다.

"꼭 새벽에 일어나야 하나? 독서는 조금 더 노력하면 낮에도 읽을 수 있지 않을까?"

"잠이 나한테는 보약인데, 이 새벽 시간마저 반납해야 할까?"

이렇게 스스로의 합리화에 넘어갈 뻔도 했다. 물론 달콤한 잠을 빼앗기고 싶지 않은 마음에 이런 생각을 했지만 이 유혹을 제대로 극복하지 않고는 새벽은 나의 삶에서 없다. 많은 사람이 '새벽 시간이 중요하고 강력한 성공전략이다, 라고 인정은 하지만 실패하는 이유는 그것을 몸소 체험하지 못했기 때문이다. 스스로 새벽의 가치를 직접 느끼지 못한 것이 새벽 기상 실패의 원인이다.

나는 새벽에 일어 날 수 있는 상황이 무엇일까?라고 고민하면서 새벽에 일어날 수밖에 없는 상황을 만들어야겠다고 생각했다. 우리가 꼭 해야 할 일 경우 새벽이라도 일어나기 때문이다. 그렇게 해서 새벽수영 등록을 하게 되었다. 사실 자신은 없었다. 자신이 없지만 값진 새벽 시간을 나의 삶으로 끌어들이기 위해 한다는 생각으로 수영이란 도전을 시작했다.

수영 등록 후 조금씩 새벽에 일어나기 시작했다. 수영등록하고도 처음에는 역시 예상한대로 등록비가 아까울 정도로 수영장을 가지 못했다. 차라리 하지 말까?, 라는 생각이 수도 없이 들었다. 하지만 생각을 바꾸었다. '새벽 기상 강습 받는다고 생각하자', 라고 생각하니 마음이 편안했다. 그렇게 첫 달은 1/3 정도 수영장에 갔고 그 다음 달은 1/2정도, 3달째는 수영 가는 날이 안가는 날보다 많아졌다. 그렇게 점점 수영 가는 횟수가 늘어났다. 새벽수영시간이 6시부터 7시까지이니 기상은 더 일찍 했다. 늦어도 5시 30분까지는 기상하게 되었다. 그러면서 수영가기 전에 책도 조금씩 읽고 갈 수 있었다. 그렇게 새벽 기상은 나의 삶의 일부로 조금씩 들어왔다.

나는 새로운 일을 할 때 서두르지 않는다. 시간을 길게 두고 무엇이든지 하는 경향이 있다. 목표나 소망, 꿈을 이루는데 과거 경험이 도움이 된다는 것을 안다. 경험도 그러한데 이루기 전이지만 이룬 것처럼 느끼는 것이 중요하다. 나는 그렇게 하기 위해 노력한다. 하지만 쉽지 않다. 그래서 느끼기 위한 시간을 나 스스로에게 준다. 그 방법이 새로운 목표나 도전을 시작할 때 처음에는 천천히 다가간다. 아주 느리게 느끼면서 목표한 것들을 시작한다. 그것은 인위적으로 해서 되는 부분이 아니다. 의식으로 느끼지 못한다면 환경을 그렇게 만들어 놓고 서서히 제대로 느껴보는 것도 좋은 방법이다.

아침에 일어나서 매일 하는 일이 있다. 3가지이다. 본격적으로 아침 활동을 들어가기 전에 하는 워밍업 같은 것이다. 그것은 아주 단순해서 10분 이내로 끝낼 수 있다. 그 활동은 물 한컵 마시기, 바닥 쓸기, 맨손체조하기이다.

새벽 시간을 이용하면 무엇인가를 꾸준히 일정하게 할 수 있다. 새벽 시간 만큼은 일어나기만 하면 정해놓은 그 일을 할 수 있다. 5시에 일어나면 대략 2시간정도 시간이 생긴다. 4시에 일어나면 3시간정도 시간이 생긴다. 이 시간은 낮의 시간에 비해 집중도 측면에서 따라올 수가 없는 시간이다. 새벽1시간은 낮의 3시간에 해당된다, 고 할 정도이다. 낮의 3시간에 해당된다면 4시간에서 6시간의 시간을 가지게 된다. 이 새벽 시간, 나는 주로 책을 읽거나 글을 쓴다. 처음에는 책만 읽었으나 출간 이후 작가가 되어 매일 글도 쓰고 있다. 이런 본격적인 활동 전에 내 인생에 덕이 되는 것을 챙기기 위해서 위의 3가지 일을 하고 있다. 새벽 시간을 이용하니까 아주 간단하면서 빠트리지 않고 할 수 있어 좋다.

매일 아침을 여는 의식처럼 이 세가지 활동을 한다. 아침에 물 한 컵 마시기는 덜 깬 잠을 깨워준다. 정말 물 한 컵 마시면 세수하는 것 이상의 효과가 있다. 또한 밤사이에 생긴 탈수증상을 보충해준다. 그리고 바닥을 쓴다. 매일 청소를 해도 매일 무엇인가가 나온다. 아이들이 어리고 1층이다 보니 항상 먼지를 끌고 들어온다. 신기하게 매일 빗질하는 재미가 쏠쏠하다. 날을 잡아서 하는 것이 아니라 매일 간단하게 쓸면 마음까지 깨끗해지는 느낌, 정리되는 느낌을 받는다. 빗질의 즐거움이랄까? 그런 재미가 있으니 더욱 하게 된다. 마지막으로 맨손체조를 한다.

내가 하는 맨손체조는 아주 간단하다. 특별한 원칙도 없다. 굳이 원칙이라면 내가 정한 원칙, 다양하게 15번씩 반복한다는 것이다. 우선 목운동부터, 팔운동, 어깨운동을 한다. 어깨는 노트북으로 무엇을 쓰다보니 항상 잘 뭉친다. 그 다음으로 하는 것이 윗몸일으키기, 이것이 나의 핵심이다. 뱃살을 빼기 위함의 목적이 들어있다. 그리고 뱃살에 스트레스 주는 비스듬히 앉아 다리 들어 올렸다 내렸다 하기이다. 이때 다리 내릴 때 땅에까지 내리지 않는다. 이것의 정식 명칭이 있을 건데, 명칭 알아보는 시간에 운동하는 하는 것이 더 중요하다고 생각하면서 알아봐야지, 하고 그냥 넘어갔다.

이 세가지 활동은 새벽의 기운을 받고 하기 때문에 매일 할 수 있다. 새벽일어나자 마자 본격적인 활동에 들어가기 전에 하는 일이다. 너무 단순해서 이거 해서 무슨 효과가 있겠어? 라는 생각도 했었다. 하지만 단연코 아니다. 쉽게 하는 활동이지만 나의 건강에 나의 마음에 확실한 무엇인가를 안겨 주리라 믿는다. 맨손체조 다른 때도 여러 번 시도해보았지만 일정하게 하지 않게 된다. 했다가 안했다가 기분에 따라 중구난방이었다. 그래서 운동은 어디든 돈을 주고 가서 해야 한다, 라는 고정관념을 가지게 되었다. 하지만 새벽에 의식처럼 이렇게 하니까 빠지지 않고 매일한다. 매일하는 것은 힘이 있다. 아무리 사소한 일이라도 매일하는 것은 강력한 힘을 발휘한다. 건강에 알게 모르게 많은 도움이 되고 있다.

새벽에 하는 활동은 나를 서서히 변화시킨다. 새벽에 하는 일은 무슨 일이든지 꾸준하게 하게 된다. 대부분의 사람이 새벽 기상의 벽을 넘지 못해서 이 귀한 것을 얻지 못하고 있다. 새벽에 일어나 자신이 가장 하고 싶은 활동들 정해서 실천해보자, 아무리 사소한 일이라도 좋다. 그것이 대단하지 않아도 된다. 새벽에는 새벽기운을 받고 집중도 있게 매일 하게 된다. 신기한 일이지만 사실이다. 매일 같은 행동을 반복하게 되면서 더 건강해진다. 더 목표에 가깝게 되고 인생도 더 자주 들여다보고 고민한다. 코앞의 처리할 일보다 내 인생을 자주 들여다보면서 나는 삶에 더욱 성실하게 노력하게 된다. 그렇게 가랑비에 옷 젖듯이 새벽 시간을 통해 나는 변화해 갈 것이다.

제2장

새벽 시간, 왜 집중 공략해야 하는가?

집중과 몰입, 새벽의 또 다른 이름이다

학창시절 공부할 때가 생각난다. 시험, 1주 전에는 발등에 불이 떨어진다. 더 일찍 공부하지 않은 것을 후회한다. 시험과목은 많음에도 불구하고 미리 공부 해놓지 않았기 때문이다. 공부를 미리 한 사람도 마음이 긴장되는 것은 비슷하겠지만 공부를 하지 않은 나는 더욱 그랬다. 고등학교 때도, 대학 때도 상황은 비슷했다. 한 가지 아직도 기억에 나는 것은 고등학교 때 시험공부를 하기 위해 친구와 함께 독서실을 갔었다. 공부를 해보겠다고 야무지게 각오를 하고 갔다. 오랜만에 찾은 낯선 환경이다 보니, 집중하는데 시간이 걸린다. 독서실을 가기 전에는 비록 돈이 들더라도 열심히 공부를 하겠다고 다짐하고 비용을 지불하고 가게 된다. 하지만 막상 가면 그렇게 집중이 잘되지 않는다. 결국 함께 간 아이들과 또 다시 잡담으로 그 날 공부는 원하는 만큼 목표달성 실패가 된다.

집중과 몰입이 특히 필요한 때가 이렇게 시험공부를 할 때이다. 평상시에는 집중과 몰입에 대한 욕구가 그렇게 강하지는 않다. 하지만 시험공부를 할 때나 중요한 결정을 내려야할 때 집중하기 위해 혹은 몰입하기 위해 색다른 장소를 찾는다. 조용한 장소에서는 자연스럽게 집중하고 몰입할 수 있다고 생각했기 때문이다. 하지만 한 가지 모르고 있는 것이 있었다. 집중과 몰입하는데 특별한 장소보다 특별한 시간대가 중요하는 다는 사실이다.

나는 대학을 들어가기 전에 재수를 했었다. 서울 언니 집에 얹혀살면서 노량진 단과학원을 다녔다. 오로지 왕복 토큰 2개와 점심, 저녁 도시락 2개를 싸서 다녔다. 내 인생에서 나름 시련의 시간이었다. 11월 수능을 앞두고 8월부터는 노량진 근처에 있는 독서실에서 보냈다. 그리고 그곳에서 숙식을 해결하면서 공부를 했다. 독서실임에도 불구하고 방음이 잘 되지 않아 나는 좀 더 집중할 수 있는 시간을 찾았다. 그래서 초저녁에 자고 밤에 일어나 새벽까지 공부를 했다.

공부를 하다 보면 멀리서 새벽예배 시작을 알리는 교회의 종소리가 들려왔다. 멀리서 은은하게 들려오는 교회의 종소리가 그렇게 듣기 좋을 수가 없었다. 내가 그때까지 열심히 공부를 했구나, 하는 뿌듯함을 느낄 수 있는 종소리라서 더욱 그렇게 생각 했을 것 같다. 공부를 얼마나 했는지 모르겠지만 어쨌든 나는 새벽 교회종소리를 목표로, 그 종소리가 들릴 때까지 공부를 하겠다고 매일 각오했었다. 그 당시에는 그렇게 하는 것이 최선을 다하는 모습이라 스스로 암시를 했던 것 같다. 그때 종소리가 울린 시간이 4시쯤이었다. 4시까지 깨어있는 자체가 공부를 얼마나 열심히 했는지의 보다 더 중요하게 생각했다.

새벽 4시까지 깨어있었지만 다음 날은 피곤해서 잠을 많이 잤다. 새벽에 집중이 잘된다고 새벽까지 공부를 했다. 그리고 4시 종소리를 듣고 수면을 취했다. 그리고 그 다음 날도 늦게 일어난다. 쉽게 말해서 낮과 밤이 바뀐 생활을 한 것이다. 사람은 원래 낮에 활동하고 밤에 수면을 취하는 것이 건강한 신체 리듬인 것이다. 그런데 나는 반대로 생활을 했다. 그 결과 집중과 몰입은 잠시뿐이었고 그 뒤 엄청난 부작용이 따라왔다. 점점 힘이 없어지면서 밥맛도 떨어지고 머리는 멍한 상태로 나의 심신은 변해갔다. 나중에는 공부를 해야 할 의욕까지 점점 사라지게 되었다. 결국 나는 이런 스타일로 공부해서는 안 되겠다는 생각을 하게 되었다.

밤에 그렇게 깨어있는 이유도 집중과 몰입을 위해서이다. 야밤부터 새벽4시까지 공부하는 이유도 결국은 공부를 집중력 있게 하기 위함이었다. 물론 그 시간도 집중력 있는 시간이긴 하지만 부작용, 후유증이 너무 크다는 것이 단점이다. 잠을 자고 나서 일찍 일어나는 것과 초저녁 잠을 자고 나서 11시부터 새벽 4시까지 깨어 있는 것은 상황이 다르다. 자연스런 리듬에 역행하는 것이 밤까지 새벽까지 깨어있는 것이다. 단기적으로는 그렇게 생활하는 것이 가능할지 모르지만 장기적으로는 공부는 고사하고 건강까지 잃을 수도 있다. 당장 집중이 잘되어 공부가 더 잘되는 착각을 일으키지만 결코 길게 할 수 있는 방법이 아닌 것이다.

나는 일찍 자고 일찍 일어나서 공부한다는 생각 자체를 하지 못했다. 새벽의 가치를 알지 못했다. 지금 돌이켜 보면 너무나 아깝다. 만약 새벽 시간이 집중과 몰입이 잘 되는 것을 그때 알았다면 재수 공부가 덜 힘들지 않았을까 생각해본다. 정말 사람은 평생을 배우는 것 같다. 재수시절. 지금으로부터 오래

전의 일이지만 가끔씩 새벽의 놀라운 집중과 몰입의 능력을 그때 알았으면 좀 더 좋았지 않았을까 자주 생각이 든다.

지금은 알고 있다. 집중과 몰입을 위해서는 장소를 찾아 헤맬 필요가 없다는 것을 안다. 집중과 몰입에 장소가 중요한 것이 아니라 시간대가 오히려 더 중요하다는 것을 안다. 집중과 몰입이 가장 잘 되는 시간은 야밤에서 새벽까지 깨어있는 시간이 아니라 푹 자고 일어난 새벽이란 것을 안다. 조용한 장소를 찾아 독서실을 찾아서 공부했었지만 결국 실패하고 말았다. 잠을 자지 않고 새벽까지 깨어있어 봤자 건강만 헤치고 잠시 집중되는 것 같지만 실제는 몸만 더 힘들어진다는 것을 경험을 통해 알게 되었다. 가장 집중과 몰입이 잘 되는 시간, 새벽에 일어나 뭔가를 한다면 그 뭔가는 최고의 성과를 이룰 수 있다는 것을 이제는 안다.

만약 어떤 고민을 결정해야 한다거나 중요한 시험공부를 해야 한다면 새벽에 일어나서 하기를 권한다. 새벽에는 새벽의 에너지가 충만하다. 그 에너지는 사람의 기를 살려주고 사람 내부의 잠재능력을 높여준다. 자신도 깜짝 놀랄 만큼 자신이 모르는 능력이 발현되는 시간대이다. 놀라운 체험을 하게 된다.

나는 독서를 하면서 새벽 시간을 활용하게 되었다. 없는 시간을 찾아서 새벽에 일어나서 책을 읽게 된 것이다. 새벽도 같은 시간이라고 생각했으나 새벽은 다른 시간이었다. 그래서 시간이 다 똑같은 시간이 아니라는 것을 알게 되었다. 하루 24시간이지만 시간대에 따라 그것의 차이는 컸다. 특히 새벽 시간대가 가장 가치 있는 시간이라고 나는 강조한다. 새벽의 뇌는 가장 스마트하고 가장 집중을 잘한다. 집중이 잘되기 때문에 몰입상태로 쉽게 들어가게 된다. 몰입이 되니까 일의 능률도 오른다. 그래서 새벽에 독서하면 많은 것을 깨닫게 되고 기억도 더 많이 하게 된다. 결국 삶의 적용도 낮의 독서와 다르게 되는 것이다.

작가들 중에 새벽에 일어나서 글을 쓰는 사람이 많다. 새벽에 글을 쓰는 특별한 이유가 있을까? 특별한 이유가 있다. 나도 그것을 실천함으로써 알게 되었다. 새벽에 글을 쓰면 또 다른 내가 글을 쓰는 느낌을 받는다. 즉 집중을 지나서 몰입상태에 쉽게 들어서기 때문이다. 몰입상태가 되어 손가락이 알아서 써내려간다. 새벽에 읽는 책이 색다른 독서의 경지를 열어 주었듯이 새벽에 글 쓰는 것도 새로운 세계를 느끼게 된다. 새벽독서, 새벽글쓰기의 새로운 세계의 체험은 다 새벽에는 집중과 몰입이 쉽게 이루어지기 때문이다.

새벽의 다른 이름은 집중과 몰입이다. 집중과 몰입이 필요한 사람은 새벽을 꼭 이용해보길 권한다. 글을 쓰는 사람이라면 잘 써지는 장소를 찾아서 노트북을 들고 방황하지 않아도 된다. 중요한 시험공부를 하는 사람도 독서실을 찾아갈 필요가 없다. 그런 장소 찾기에 비중을 두기보다는 새벽 기상에 비중을 두면 집중과 몰입 경험이 쉬워진다. 또한 집중과 몰입은 우리에게 새로운 만족감과 행복감을 준다. 결국 새벽이 만족감과 행복감을 준다는 것이다. 새벽에 일찍 일어남으로써 목표한 바를 좀 더 수월하게 이룰 수 있고 그렇게 됨으로써 새벽이 더욱 좋아지게 된다. 새벽은 집중과 몰입의 만족감과 행복감을 당신에게 느끼게 해줄 것이다.

새벽에 튀어나온 아이디어가
나의 삶을 이끈다

　새벽에는 심신이 새로워진다. 어제 밤에 나는 너무나 피곤해서 손 하나 까딱하기 싫었다. 아이들이 하는 질문도 건성으로 답했다. 예민해지기도 한다. 하루의 피로가 밤이 되면 쌓이고 쌓여 나의 몸과 정신을 압박한다.

　집에서 생활규칙으로 정해놓은 일을 아이들은 알면서도 다시 질문하는 경우가 있다. 의도적이다. 금지된 규칙을 하고 싶기 때문에 다시 물어서 아이들은 승낙이라는 반전의 횡재를 얻고 싶은 것이다. 예를 들어 밤8시 이후에는 TV를 켜지 않는 것으로 규칙을 정해 놓았다. 나는 현재 세부에서 6개월 세부살이를 하고 있다. 아이들은 이곳 사립학교에 다니고 있고 아침 7시 50분까지 학교를 가야 한다. 오늘 같은 월요일은 조회가 있기 때문에 7시 30분까지 가야 한다. 그렇기 때문에 밤에 일찍 자야해서 그렇게 규칙을 정해 놓았다. 그런 규칙을 알면서도 작은아이는 묻는다.

"엄마, TV 봐도 돼요?"

"심심해요. TV 보고 싶어요."

9시가 다 되어가는 시간에 TV 봐도 되냐고 질문을 한다. 이럴 때 피곤하지 않다면 다시 설명을 해주겠지만 피곤한 밤에는 그렇게 안 되고 아이를 혼내게 된다. 인간인지라 어쩔 수 없다. 특히 밤에 무지 피곤해지기 때문에 정말 밤에는 아이 케어는 고사하고 내 몸 하나 건사하기 어렵다. 그렇게 된다. 너무 피곤한 나머지 다음날에도 그 다음날에도 피로가 풀리지 않을 것 같은 느낌을 가질 정도이다. 하지만 아침만 되면 새로운 몸과 마음이 된다. 머리도 스마트해져서 많은 아이디어가 샘솟는다. 아주 사소한 것에서부터 생활에서 중요한 일, 삶에서 꼭 필요한 것들이 생각이 나온다.

신기할 정도로 아침에는 아이디어가 많이 나온다. 그 이유가 무엇일까? 내가 생각하는 이유는 이렇다. 아침, 특히 새벽에는 몸이 최상의 깨운 한 상태가 된다. 머리와 뇌도 몸의 일부분으로 함께 개운해 진다. 사실 생활을 하면서 피로가 쌓이면 몸도 무거워지고 머리 회전도 잘 되지 않는다. 이것은 머리를 계속 사용해서 지친이유 때문이기도 하지만 자세에서도 그 원인을 찾을 수 있다. 낮 동안 계속 서있는 생활이나, 앉아있는 생활에서 한 가지 자세를 오래취할 가능성이 많고 이것이 아무래도 혈액 순환을 방해한다. 특히 자세가 좋지 않은 나 같은 경우에는 어깨가 자주 뭉치고 아프니, 머리로 가는 혈액순환이 원활하지 못하다. 그렇기 때문에 두뇌는 허혈상태로 급 피곤해지고 가끔은 아무 생각이 없어진다. 오전시간에는 몸 자체에서 몸을 보호하는 쪽으로 대처자체를 하기 힘들 때가 있다. 오후가 되면서 과부하에 걸린다. 밤이 깊어질수록 몸은 피곤해지고 뇌의 기능도 원활하지 못하다. 그에 반해 새벽은 몸이 피로를 완전히 푼 아주 최상의 상태가 되기 때문에 뇌의 주 역할인 사고와 상상력, 아이디어발휘에 있어서 최상의 상태가 된다.

내가 세부에 온 것은 2018년 9월 17일이다. 어느새 시간이 많이 흘렀다. 남편과 아이 둘, 나까지 네 식구가 새벽 2시에 막탄 공항에 도착했을 때는 참 서글펐는데……. 어느새 시간이 그렇게 지났다. 사람의 적응력은 위대하다. 아무도 아는 사람 한 명 없는 이곳에서 이렇게 잘 살고 있으니 스스로 대견스럽기도 하다. 물론 나를 도와 준 한국 엄마가 있었다. 현재 우리 이웃인 A이다. A는 잉글리시 이름이다. A는 이곳 세부에 온지 2년 정도 되었다, 고한다. 그리고 보니 한명은 아는 사람이 있다.

나는 6개월 살이를 목적으로 이 곳 세부를 왔다. 6개월 살이를 시작하기 전 7월쯤, 아이들 여름방학 시작 전에 아이들과 이곳 세부 A 집을 방문했었다. 그 때도 아는 엄마와 함께 그 엄마 아이 둘과 함께 총 6명서 세부를 왔다. 그 엄마도 A를 직접적으로 아는 것은 아니었다. A는 그 엄마의 아는 사람의 동생이었다. 그 엄마가 세부 살이에 관심이 있었고 나는 같이 구경한다는 생각으로 함께 세부를 왔었다. 와서 현재 A의 2층집도 구경하고 아이들 초등학교도 방문했었다. A의 집은 2층으로 좋아보였다. 단독주택으로 아이들 학교도 바로 옆이고 학교 끝나고 놀기에도 좋고, 가드가 있어서 안전하고 좋았다. 막탄 몬테소리 학교도 사립으로 시설이 아주 좋은 편은 아니지만 필리핀 식으로 검소하고 깔끔하게 관리도 잘된 느낌으로 좋아보였다. 그렇게 그 당시에는 2박 3일 일정으로 잠깐 다녀갔었다.

세부에 있을 때 방문한 학교와 집이 나는 자주 생각이 났다. 세부의 가정집과 학교를 짧게 방문했지만 수시로 생각이 났다. 내가 그 한국 엄마, A처럼 그

곳에서 생활하는 모습이 상상이 되었다. 그 상상이 낯설지 않았다. 이 층집에서 아이들이 뛰어노는 모습과 집 앞에서도 아이들이 자전거타고 노는 모습, 아이들이 학교 다녀오는 모습, 그런 것들이 자연스럽게 상상이 되었다. 그리고 또 하나의 상상. 아이들이 학교에 가고 난 이후 식탁에 앉아 글을 쓰는 나의 모습이다. 이것도 이제 곧 나타날 나의 모습처럼 느껴졌다. 세부에서 상황은 내가 인위적으로 상상하고 느끼려고 하지 않아도 자꾸 생각이 났었다. 특히 새벽에 세부에 대한 아이디어들이 뿜어져 나왔다.

어느 날 새벽 이런 아이디어가 떠올랐다.

'아이들에게 평생 기억에 남는 추억을 남겨 주고 싶다.'

이런 새로운 아이디어와 생각이 불현듯 났다. 특별한 추억, 해외 생활 경험. 그것이 내가 해줄 수 있는 최고의 추억이 될 것이란 생각을 했다. 나는 다른 엄마들에 비해 나이가 많다. 보통 엄마들이 30대 중, 후반, 많게는 40대 초반이다. 젊은 엄마를 가진 아이들은 언제든지 좋은 경험과 추억을 쌓을 시간이 있다. 그에 비해 우리 아이들은 그 아이들보다 시간이 부족하다. 나이 더 들면 몸이 안 따라서도 추억을 남겨줄 수 없겠다는 생각이 들었다. 그리고 휴직도 2019년까지 가능하여 시간도 지금밖에 없다고 생각했다. 아이들과 해외경험은 지금이 적기이다. 아니면 내가 퇴직을 하고 62세가 되어야 할 수 있는데, 11년 뒤. 그때는 큰 아이가 22살, 작은 아이가 20살이 된다. 엄마 없어도 얼마든지 잘 할 수 있을 만큼 성장한 후의 나이가 된다. 지금 밖에 없다. 그래서 나는 세부 행을 결정했다. 이 결정은 어느 날 새벽, 반짝하고 나타난 아이디어에 의한 것이었다.

새벽에 튀어나온 아이디어는 나의 삶을 이끈다. 많은 아이디어가 새벽에 잘 생각나고 또한 그것이 도전의 계기가 되어 나의 삶으로 이어진다. 새벽에는 아이디어가 정말 튀어나오는 듯한 느낌을 받는다. 아이디어가 탁구공처럼 튀어나온다. 자신의 두뇌가 둔해졌다고 생각한다면 새벽에 일어나라. 결단을 해야 할 일이 있거나, 고민거리가 있어도 새벽에 일어나서 생각을 해봐라. 아마 튕겨져 나오는 아이디어로 인해 해법을 찾을 수 있을 것이라 나는 장담한다. 새벽에 어느 정도 몸이 익숙해지면 그때부터는 아이디어가 많이 나온다. 정말 아주 사소한 것까지 새로운 생각들이 나온다. 새벽은 나의 가장 깊은 내면의 고민을 알고 낮에는 도저히 생각할 수 없었던 아이디어로 문제를 해결해준다. 깊은 내면의 곳, 나도 인지하지 못한 무의식적인 부분의 문제와 고민을 건드는 것이 새벽이다. 그리고 그렇게 나온 해결법, 해법들은 나의 인생에서 변화를 일으키고, 내 생활의 핵심이 된다. 내가 어느 날 새벽, 세부에서 6개월 살이를 해야겠다고 결정을 내렸듯이 당신도 인생의 대변화를 일으킬 결정을 새벽에 할 수도 있다. 세부에 오는 결단과 실행이 정말 잘한 일이었다고 나는 생각한다. 새벽의 아이디어로 세부에서 아이들과 함께 값진 추억을 쌓고 즐겁고 보람 있게 살고 있다.

새벽에 뿜어져 나오는 기찬 아이디어로 중요한 결단을 내리고 과감한 실행력으로 빅뱅 같은 인생 대변혁을 당신이 가질 수 있기를 진심으로 바란다.

거시적인 관점으로 인생을 바라본다

거시적 관점으로 바라보아야 할 때가 많다. 특히 아이들 훈육에 있어서 필수적이다.

아이들과 함께 지내다 보면 화가 날 때가 있다. 엄마이지만 인간인지라 화가 치밀어 오른다. 그렇지만 그럴 때마다 화를 낼 수는 없다. 엄마가 자신의 감정을 억누르지 못하고 그 감정에 매몰되면 게임아웃이 된다. 아이는 혼이 남과 동시에 엄마가 하는 식으로 화를 잘 내는 아이로 성장하게 된다. 잠재적 교육이 무서운 것이다. 작은 버릇을 하나 고치겠다고 화를 내면 작은 것을 얻고 큰 것을 잃어 아이의 인성적인 부분을 놓치게 된다. 이때 필요한 자세가 크게 생각하고 거시적 관점으로 아이의 문제를 바라보아야 한다는 것이다.

아이들은 학교를 가지 않는 날은 많이 심심해한다. 그래서 아침부터 TV를 켠다. 될 수 있으면 아침에 TV를 켜지 않는다는 원칙을 세워두었지만 내가 바쁘게 무엇을 하고 있다 보면 아이들은 어느새 TV를 보고 있다. 나는 순간 화가 치밀어 오른다. 화가 난 이유는 아이들이 약속을 한 것을 지키지 않아서이다. 나의 감정대로 화를 낼 것 인가? 아니면 아침부터 TV를 보면 안 되는 이유를 다시 한 번 차근차근 설명해 줄 것인가? 순간 생각을 한다. 어떤 날은 그대로 화를 내게 되고, 어떤 날은 후자의 쪽을 선택한다. 역시 화를 내면서 감정적으로 아이들을 대하는 것보다 감정을 누르고 다시 설명해주는 것이 교육적이다. 아이들도 상처를 받지 않고 부모의 의도를 잘 이해하고 스스로 바른 습관을 위해서 부모의 말이 옳다고 생각하게 된다.

하지만 그 반대의 상황도 자주 발생한다.

"야~ TV꺼라. 엄마가 말했지? 아침에 TV를 켜지 마라고 했지?"

"너희들은 왜 그러니? 한 번 말하면 말 좀 들어라."

이렇게 말이 튀어나온다. 그러면 아이들도 기분이 덩달아 좋지 않게 된다. 아무리 잘못을 했어도 엄마가 혼내면서 몰아세우면 어리지만 반감이 생기는 게 된다. 어른이나 아이나 마찬가지이다. 감정대로 대하면 감정대로 반응하기 마련인 것이다. 화를 낼 경우에는 수홍이는 동생을 그런 식으로 혼낸다. 내가 한 것과 똑같은 스타일로 말하는 것을 볼 수 있다. 무의식적으로 나한테 배운 것이다. 정아도 아마 친구들한테 그렇게 말하게 될 것이다. 결국 아이와의 관계에서도 부모의 감정기술을 그대로 답습하게 되어 결론적으로 아침에 TV는 안 보게 했을지 모르겠지만 더 나쁜 버릇, 버럭 화내는 것을 아이에게 가르치는 꼴이 된 것이다.

아이를 잘 키우겠다는 포부가 현실이 되려면 거시적 관점으로 느긋하게 접근해야 한다. 당장 눈에 보이는 대로 반응하고 화를 내면서 가르치다 보면 정작 중요한 것을 잃을 수 있다.

귀한 자식인 만큼 잘 키우기 위해서는 엄마의 지혜로움이 필요한데, 그 지혜로움은 거시적 관점의 태도에서 나온다고 말할 수 있다.

인생을 바라볼 때도 마찬가지이다. 거시적 관점은 훈육에서만 필요한 것이 아니라 자신의 인생을 바라볼 때도 필요하고 매우 중요하다고 할 수 있다.

하지만 실제 생활을 하다보면 그렇게 되기가 쉽지 않다. 생활이 바쁘기 때문이다. 당장 처리해야 할일이 산더미이다. 당장 처리해야할 일을 하다보면 정작 인생을 생각할 여유가 없다. 삶은 나와 상관없는 먼 나라의 단어일 뿐이다. 생활이란 단어만이 친숙하다. 하루 어떻게 살아야하는지, 무슨 일을 해야하는지 아침부터 저녁까지 빽빽하다. 아이가 있는 워킹 맘일 경우 아침부터 분주하다. 가족들 아침식사 준비하고 아이들, 남편 챙겨서 보내고 자신 준비해서 출근하다보면 아침은 그렇게 흘러간다. 그리고 직장에 있는 8시간 직장 일로 바쁘게 보낸다. 그리고 저녁에는 파김치가 되어 해야 할 일을 인간극기 훈련 하듯이 해낸다. 너무 힘든 날은 외식으로 저녁을 해결하고 의무감으로 아이들 숙제를 봐준다. 그리고 또 하루를 마무리할 준비를 한다. 하루가 해야 할 일들만 존재하는 것 같다. 그렇게 살아가는 모습이 현대인들의 평범한 모습이다. 언제 인생을 논하고 삶을 챙기겠는가? 하지만 방법은 있다.

나의 인생을 좀 더 거시적 관점에서 바라보고 챙길 수 있는 쉬운 방법은 새벽에 일어나는 것이다. 새벽에 일어나면 근본적인 것들에 대한 사고를 많이 하게 된다. 새벽 시간 자체가 삶의 근본적인 것들을 생각하고 집중하게 만든다.

"인생을 어떻게 살아야할까?"

"내가 정말 하고 싶은 것은 어떤 것인가?"

"아이들 어떤 모습으로 키울 것인가?"

이런 질문들은 끝도 없이 이어진다. 인생의 근본적인 질문과 답이 공존하는 시간이 새벽 시간이다. 자연스럽게 그렇게 된다. 경험한 사람만이 쉽게 이해가 되는 부분이다. 낮의 시간이 생활을 하는 것에 집중한다면 새벽의 시간에는 인생의 근본적인 것들에 집중하게 한다. 좀 더 거시적인 것에 집중하게 된다.

내가 책을 써야겠다고 생각한 것도 새벽에 일어나면서 부터이다. 새벽에 일어나서 책도 읽고 다양한 나의 인생에 대한 생각들을 하게 되었다. 새벽의 고요한 에너지 자체가 사람을 거시적인 관점으로 나의 삶을 돌아보게 했다.

"한 번뿐인 삶인데 나에게 가장 가치 있는 일은 무엇일까?"

"아이들에게 부모로서 남겨줄 수 있는 소중한 것은 무엇일까?"

나는 이런 질문을 자주했다. 자주하게 되면 어느 정도 질문의 답을 얻을 수 있다. 내가 얻은 답은 바로 책을 쓰는 것이다. 내가 과연 할 수 있을까 망설임도 많았다. 왜냐하면 한 번도 해보지 않았기 때문이다. 하지만 해보기 전에는 할 수 있을지 없을지 확인할 수 없는 것이고 하다가 실패해도 한 만큼 나는 성공한 것이 된다고 생각을 했다. 그래서 책 쓰기를 시작하게 된 것이다. 새벽이 아니었다면 책 쓰기에 대한 생각과 용기를 내지 못했을 것이다.

새벽은 사람을 변화시킨다. 그 전에는 한 번도 생각해보지 못한 것을 생각하게 한다. 하루가 한 주가 한 달이 1년이 살던 대로 오로지 열심히만 산 인생에서 해보지 않은 것을 도전하는 인생으로 바뀐다. 그 이유는 생각이 바뀌기 때문이다. 새벽에는 새로운 생각을 자꾸 하기 때문이다. 새로운 아이디어가

뿜어져 나와 다르게 행동하고 다르게 살려고 노력한다.

　새벽에는 삶의 근본에 집중하게 된다. 성공한 사람들 중에 새벽에 일어난 사람이 많다고 한다. 새벽에 일어나서 삶의 근원적인 것에 가치를 두고 집중하게 된다. 삶의 근본, 삶의 핵심과 관련된 놀랍고 기발한 아이디어와 생각들이 만들어 진다. 삶의 변화가 안 일어날 수 없다. 놀라운 변화는 성공적인 삶으로까지 이어진다. 새벽에 근본적인 질문과 거시적 관점의 해법을 발견함으로 성공적인 삶이 된다. 평범한 사람도 새벽에 일어나면 성공한 사람처럼 변화된다. 비범한 사람으로 점점 되어간다. 새벽에 일어나라. 새벽에 일어나 거시적 관점으로 나의 인생, 나의 삶을 크게 바라보라.

바쁘게만 사는 삶에서
진정 원하는 삶으로 살아간다

　새벽에 일어나기 위해 나는 매일 노력한다. 4시를 최종 목표로 정하고 노력하고 있다. 새벽 기상은 완성의 개념은 없다. 매일 완성되어 가는 과정이다. 그렇게 새벽 기상에 대한 생각을 바꾸면 덜 부담스럽고 쉬워진다. 새벽 기상은 최종목적이 아니라 하나의 수단일 뿐이란 점도 매일 인지해야 한다. 일찍 일어나는 자체보다 더 중요한 이유가 새벽 기상에는 있다. 새벽 기상 부담 없이 시작하는 것이 좋다. 새벽 기상, 6시기상, 5시기상 4시 기상 목표를 세우되 그것에 너무 집착할 필요는 없다. 매일 실패하더라도 오늘 다시 도전할 수 있는 것이 새벽 기상이다. 왜냐하면 24시간만 지나면 다시 새벽이 오기 때문이다. 새벽은 금방 다시 온다. 매일 찾아온다. 그렇기 때문에 오늘 실패한다고 해서 좌절감 느낄 필요 없이 내일 다시 한다는 생각을 가지면 된다. 반복된 새벽 기상 실패로 자책할 필요 없다. 실패를 통해서 포기하지 않는다면 새벽 기상~!

나의 삶으로 들어온다.

　새벽에는 특별한 생각을 하게 된다. 낮에는 전혀 하지 않던 아주 기발한 생각들을 하게 된다. 낮에는 너무 바쁘다. 분주하다. 해야 할 일들이 쌓여 있다. 다양한 역할 만큼이나 아침부터 밤까지 내가 해야 할 일은 많다. 그 일을 처리하기에도 바쁘다. 여유가 전혀 없다. 그렇다면 하루 동안 해야 할 일을 다 한 이후에 시간이 있다고 할 수 있을까? 물론 시간은 있다. 많지는 않지만 30분에서 2시간까지 있을 수 있다. 하지만 이번에는 기력이 없다. 에너지가 소진되어 더 이상 손가락하나 까딱하기도 싫어진다. 몸에 에너지가 있어야 생각도 나오고 참신한 아이디어가 나온다. 피곤한 상태에서는 오로지 쉬고 싶다는 생각 외에 아무생각이 없어진다. 하지만 새벽은 몸이 가장 피곤하지 않은 상태이다. 하루 중 가장 깨운 한 상태이다. 활기찬 에너지가 넘친다. 만물이 깨어나고 에너지가 넘치는 새벽처럼 사람의 몸과 마음도 그것과 같다. 가장 활동적이고 에너지가 넘치는 시간이 이 시간이기에 바쁘고 피곤한 낮에 할 수 없는 특별한 생각들이 많이 샘솟는다.

　새벽에 수많은 아이디어가 있다. 나는 새벽에 일어나면서 내 인생을 바꿀 수많은 아이디들을 가지게 되었다. 새벽독서가 아이디어의 촉진제가 되기도 한다. 다른 작가의 생각들이 나의 뇌에 자극을 주고 나의 뇌는 새로운 아이디어를 재창조한다. 굳이 표현을 하자면 그렇다. 누군가가 해외여행을 하는 이야기를 접하면 해외여행의 주제가 나의 삶에 적용되어 여행에 대한 새로운 아이디어를 얻는다. 누군가가 어려운 상황에서도 인내하고 극복한 이야기를 읽으면 나의 삶에서 힘든 부분이라 여긴 것은 별로 힘든 것이 아니란 생각을 하게 된다. 그리고 그 시련의 시간을 어떻게 활용할 것인지 생각하게 된다. 아주 집중력 있게 생각한다. 집중력 있게 생각한 아이디어는 현실로 적용이 된다.

나는 또한 자기 계발 책을 읽으면서 많은 아이디어를 얻었다. 자기계발 작가들이 사는 방식을 알게 되면서 나의 삶에 적용했다. 다른 상황에 있는 사람들의 삶에 대해서도 생각하는 계기가 되었다. 학교를 졸업하고 한 번도 쉬지 않고 50세, 60세가 될 때까지 오직 한 길. 직장 일에만 충실하게 살고 난 뒤 남는 것이 아무것도 없다고 한탄하는 사람들의 이야기를 접하면서 나는 좀 다르게 살아야겠구나, 라고 생각한다. 그럼 어떻게 살아야할까? 고민해보았을 때, 하고 싶은 일은 찾아서 해보자, 라는 답변을 찾기도 한다. 오로지 묵묵히 직장 생활만이 최고의 삶이란 생각이 아닐 수도 있다는 생각을 하게 된다. 주로 퇴직을 하기 전에 이런 생각을 많이 하게 되는데, 새벽에 일어나서 책을 읽다보면 좀 더 일찍 이런 생각도 하게 된다. 생각이 바뀌면서 나의 삶도 바뀌게 된다.

나는 현재 세부에서 살고 있다. 아이들과 특별한 추억을 위해 이 곳 세부를 왔다. 가끔씩 이런 생각을 한다.

"이 곳이 세부야? 어떻게 내가 이곳까지 왔지?"

내가 현재 있는 곳이 세부라고 인지될 때마다 깜짝 깜짝 놀란다. 신기하다. 젊었을 때도 미국 RN자격증을 취득하려고 했으나, 미국에서 ATT가 누락되어 시험자체를 보지 못했다. 그러던 중 보건교사 시험에 합격하는 바람에 재시도 없이 한국에 눌러 살게 되었다. 나에게 해외생활은 운이 안 따랐다. 그래서 나는 한국에서만 살아야하는 갑다, 라고까지 생각하고 살았다. 그런데 지금 필리핀 세부에 살고 있다. 어느 날 새벽에 떠오른 아이디어와 결단으로 세부에 오게 된 것이다.

이 곳 세부 집은 이층집이고 새집이다. 1층에는 거실과 주방, 소파, TV, 식탁, 화장실이 있다. 2층은 방이 3개, 화장실이 있다. 퀸 침대가 들어가는 안방과 작은방 2개이다. 집구조가 한국과 다르다. 더운 나라이기 때문에 날씨에 맞추어서 집을 지었을 것이라 생각한다. 한국보다 기술적인 부분에서 허술한 집이지만 그래도 대체로 만족한다. 좋은 점 하나는 들어올 때 기본적인 가구들은 들여져 있었다는 것이다. 방안에 있는 장롱, 각 방마다 침대, 한 방은 2층 침대, 1층에 소파, 식탁, 의자 주방 싱크대, 거실포함 각 방마다 에어컨이 미리 세팅이 되어 있다. 내가 사야할 것은 냉장고, 식기류, 이불,TV, 같은 것들이다. 미리 세팅이 되어 있어서 그것이 편하고 좋았다. 한국에서 이런 2층집에서 한 번도 살아보지 못했다. 수홍이는 한국에 있을 때 학교 저녁모임에 2층 집인 친구 집에 같이 가보고난 후에는 2층집에 살자고 노래를 불렀었는데 세부에 와서 소원 성취했다. 월세가 조금 부담스럽기는 해도 집에 대한 만족도는 높다. 그래도 100만 원이 안 되는 금액이므로 한국물가에 비하면 아주 저렴 한편이라고 할 수 있다.

가끔씩 아떼가 와서 1주일에 3번씩 청소한다. 집이 큰 만큼 청소하기가 좀 불편하다. 거기에 비해서 이곳 세부는 인건비가 저렴하다. 청소 같은 경우 한 번 청소하는데 180페소이다. 180페소이면 우리나라 돈으로 계산해서 곱하기 20을 하면 된다. 그럼 3,600원 정도이다. 1번 올 때마다 1시간 30분에서 2시간 정도 한다. 정말 저렴하다. 그래서 아떼를 고용하지 않으면 손해일 것 같은 느낌까지 든다. 일주일 3번해도 10,800정도이다. 나는 청소하는 시간을 아껴 다른 일을 한다. 장도 보고, 글도 쓰고 아주 저렴한 가격이라 부담 없이 이용하고 있다. 인건비가 저렴한 덕택으로 한국에서 못 누려 보았던 청소도우미도 고용해보고 이곳에서 소원 성취했다. 이곳에서 원하는 삶을 살고 있다.

나는 아이들이 학교를 가고 나면 글을 쓴다. 아이들이 학교를 가고 정리를 하고 새벽에 이어 다시 자리에 앉으면 8시 쯤 된다. 아침 8시쯤 식탁겸 책상에 앉아서 새벽에 쓰지 못한 블로그를 작성한다. 블로그 포스팅은 사람들이 출근 하면서 볼 수 있도록 될 수 있으면 새벽에 작성하려고 한다. 하지만 때론 못할 때가 있다. 그럴 때는 아이들이 학교에 가고 난 뒤 아주 간단히 포스팅을 먼저 한다. 그리고 원고를 쓴다. 초고를 쓰기 시작하면 될 수 있으면 1달 만에 완성을 목표로 쓴다. 너무 시간을 끌면 지치기 때문이다. 오래시간을 두고 초고를 쓴다고 더 잘 쓴다는 보장도 없다. 1달 계획으로 데드라인을 정하고 쓴다. 그래서 보통 하루 1꼭지이지만 초고 쓰기 시작한 10일 이후에는 하루 2개 까지를 목표로 해서 쓴다. 8시부터 시작해서 13시까지 쓴다. 새벽3시간, 아이들 학교 간 후 5시간해서 글 쓰는 시간은 총 7~8시간이 된다.

나는 세부 온 이후 하루 최대 8시간씩 글을 쓴다. 원하는 만큼 실컷 쓴다. 《하루 한권 독서법》출간이후부터 내가 가장 원하는 바이다. 내가 원하는 만큼 실컷 글만 쓰고 싶다는 희망대로 지금 그렇게 살고 있다.

세부의 생활이 언젠가는 끝이 날것이다. 처음에는 6개월살이로 이곳을 왔다. 하지만 현재 1년을 넘기고 있다. 이 곳 세부생활은 아이들에겐 새로운 경험을 하는 기회가 되고 나에게는 책을 집중해서 원하는 만큼 쓸 수 있는 시간이 되고 있다. 한국에서 도저히 경험해보지 못한 것을 아이도, 나도 경험하고 있다. 먼 훗날 한국에서 세부생활을 되돌아 볼 것이다. 그 때는 아마도 값진 추억이었다, 다시 한 번 더 세부생활을 경험하고 싶다는 간절함이 생길 것이라, 고 나는 확신한다. 또한 세부생활이 아이의 인생과 나의 인생에 앞으로 원하는 멋진 삶의 마중물 역할을 할 것이라 생각한다. 세부에 오게 된 것도 새벽에 일어났기 때문에 가능했다고 할 수 있다. 새벽의 기운을 받아 기발하고 창조적인 생각을 할 수 있어서 지금 이곳 세부에 와서 생활하고 있는 것이다.

아이들 돌보며 원하는 만큼 글 쓰는 지금의 삶이 진정 내가 원하는 삶이다. 어느 날 새벽 갑자기 내린 결정으로 이 곳 세부에 와서 이런 삶을 살고 있다. 그리고 그런 삶이 진정 앞으로 내가 살 원하는 삶임을 알게 되었다. 결과적으로 새벽 시간을 통해서 그것을 알게 되어 새벽 시간의 소중함을 다시 한 번 더 느낀다. 새벽, 당신이 원하는 삶을 살 수 있는 기회를 제공하고 그렇게 당신 삶이 변화되도록 한다. 새벽 시간을 얻고 당신이 진정 원하는 삶을 살기를 바란다.

라이프스타일이 건강해진다

젊은 사람일수록 밤 문화의 유혹을 뿌리치기 어렵다. 밤의 조명은 화려하다. 젊은 사람들은 본능적으로 화려한 조명을 따라간다. 불꽃을 향해 뛰어드는 불나방처럼 의식하지 않으면 자기도 모르게 휩쓸려간다. 금쪽같은 시간을 그렇게 허무하게 낭비하기 쉽다.

나는 대학을 졸업하면서 간호장교가 되었다. 국군 간호사관학교를 졸업했다. 보통 사람들은 일반대학에 비해 조금 생소하게 생각한다. 일반적으로 많이 가는 대학이 아니다. 4년제이면서 1개 학년에 80명 정도 입학을 한다. 입학 시험도 9월쯤 본다. 이 학교에 대해 아는 사람은 많지 않다. 잘 모르는 사람은 그런 학교도 있어요? 라고 질문한다. 국군간호사관학교는 다른 사관학교 즉, 육군사관학교, 공군사관학교, 해군사관학교와 같은 시스템으로 나라에서 지원, 운영되고 있다. 또한 간호 사관학교 학생을 다른 사관학교와 같이 '생도'라고 부른다. 생도들은 졸업과 동시에 간호장교의 직책이 주어진다.

국군 간호사관학교 다니는 동안 혜택이 많이 있다. 어렵게 입학한 만큼 주어지는 혜택이 매력적이다. 4년 내내 기숙사생활을 하게 된다. 기숙사 생활 뿐 아니라 영내에서 먹는 것, 입는 것, 사용하는 생필품까지 지원된다. 거기에다가 생도들에게 용돈과 같은 학자금이란 것도 매달 지급된다. 학자금이란 용어는 정확하지 않지만 어쨌든 매달 용돈이 지급된다.

이것은 학년이 올라갈수록 금액이 많아진다. 1주일에 3번 외출하는 생도들에게 한 달 용돈으로 충분하다. 간호사관학교가 다른 사관학교에 비해 다른 점이 있다면 국가고시 시험을 준비해서 본다는 것이다. 간호사 면허증취득을 위한 시험이다. 국가고시 시험에 합격하면 졸업과 동시에 간호사 면허증취득과 함께 간호장교로서 소위로 임관하게 된다.

소위로 임관되어 전국의 군병원으로 배치가 된다. 우리나라 전국에 있는 군병원은 여러 지역에 있다. 그 중 가장 큰 병원은 서울에 있는 국군수도병원이다. 지금은 등촌 동에서 분당으로 이전했다. 이 곳은 전 군에서 발생하는 군인 환자들을 치료하는 곳이다. 군병원에서 치료가 안 되는 것은 일반병원으로 후송을 하기도 하지만 특별한 경우가 아니면 이곳에서 치료를 한다. 군 장병들을 위한 최대 규모의 병원이라 할 수 있다. 나는 졸업한 첫해 이곳에 배치를 받았다. 최대 규모인 국군수도병원은 환자들로 항상 붐볐다. 전국의 부대에서 이곳을 찾기 때문이다.

나는 낮에 열심히 일했지만 퇴근 후에는 시간 관리, 자기 관리에 소홀했다. 군병원간호장교도 일반병원의 간호사처럼 3교대를 한다. 최근 간호사들의 선, 후배간의 강한 규율로 사회적 문제가 된 그런 것들이 그 당시 군병원 간호장교들 사이에서도 있었다. 사람의 목숨이 왔다 갔다 하기 때문에 엄격한 질서와 교육이 존재했다. 그리고 군의관과의 갈등. 사병환자들의 관리, 나이 많은 부 사관들의 특별한 배려, 기타……. 사회초년생과 같은 간호장교 소위가 감당하기에 힘에 겨운 많은 역할들이 있었다. 지금 생각하니, 젊었을 때 그 많은 일들을 해 낸 것이 스스로 대견스럽게 여겨진다. 그 역할을 잘 해낸 것은 장한 일이지만 한 가지 아쉬움이 남는 것이 있다면 스트레스 푼다고 퇴근 후의 시간을 좀 생산적으로 보내지 못했다는 것이다.

퇴근을 하고 나면 선, 후배들과 모여 식사하고 밤늦게까지 어울렸다. 그렇게 하는 것이 그 당시엔 당연하게 느꼈다. 직장생활이 최대의 존재이유였다. 직장생활하고 저녁에는 먹고 마시고 놀고, 그것이 다음날 병원생활을 더 잘하기 위한 방법이었다. 그렇게 하는 것이 스트레스 푸는 방법이었다. 다른 생각을 하지 못하고 그렇게 시간을, 황금 같은 젊은 시기의 시간을 보낸 것이 지금도 아쉽다. 그 때 새벽의 가치를 알았다면 지금 어떻게 되어 있을까? 새벽에 일어나서 건강한 라이프스타일을 가지는 것은 물론 아마 거대한 메신저가 되어있지 않았을까? 그런 상상을 하면서 그 시절 새벽을 알지 못한 것이 못내 아쉽다.

새벽에 일어나면서 나는 건강한 라이프스타일을 가지게 되었다. 독서를 하기 시작하면서 새벽 시간의 가치를 알게 되었다. 하지만 새벽 기상이 쉽지 않았고 실패를 하면서 새벽 기상 잘하는 방법도 터득하게 되었다. 새벽에 일어나기 위한 최고의 방법은 일찍 자는 것이다. 일찍 자는 만큼 일찍 일어난다. 새벽 6시, 5시에 일어난다. 총체적인 수면시간은 줄이지 않는 것이다. 보통 사람들은 새벽에 일어난다고 하면 잠을 줄인다고 생각한다. 잠은 기본적으로 성인의 필요한 양만큼 잔다. 보통 성인이 필요한 수면시간은 6시간 정도로 나는 본다. 6시간 정도 자려면 10시나 11시쯤 자면 된다. 11시에 자면 5시에 기상, 10시에 자면 4시에 기상하는 걸로 실천하면 좋다. 처음에 나는 12시 넘게 자는 습관을 바꾸기 쉽지 않았다. 하지만 새벽 기상의 최고방법이 일찍 자는 것을 실패 경험을 통해 깨달으면서 그렇게 실천하기 시작했다. 지금은 10시쯤 잔다. 특히 세부에 와서 더 잘 지켜지고 있다. 그래서 일찍 자고 일찍 일어나는 패턴으로 일정하게 유지했다. 일관되게 취침시간을 고정한 것은 생활리듬을 깨지 않는 건강한 라이프스타일이다.

새벽에 일어나면서 가장 큰 변화는 음주습관을 고쳤다는 것이다. 나는 친구들과 어울리는 것을 좋아한다. 다른 사람들의 이야기를 듣고 나의 이야기도 하면서 평소 모르던 그 사람의 새로운 면을 알 수가 있다. 그리고 무엇보다 다양한 것을 배울 수 있다는 것이다. 열린 마음으로 사람들과 대화를 하다보면 누구에게나 배울 점이 있는 것도 알게 된다. 맥주 한잔 정도 하면 서로의 마음을 터놓고 더 진지하면서 가치 있는 이야기들을 하게 되는 경우가 많다. 너무 과하지 않으면 알코올은 부드럽고 유익한 분위기의 도구가 되는 것이다.

하지만 새벽에 일어나면서 알코올을 멀리하게 되었다. 그 전날 알코올을 조금이라도 섭취하면 새벽에 일어나도 느낌이 달라진다. 아주 상쾌한 느낌이 덜하다고 할까? 머리도 무겁고 평소와는 다른 새벽이 되는 것이다. 조금만 먹어도 그런 차이를 느낀다. 쉽게 말해서 산속에 살던 사람이 세상으로 나온 느낌이랄까? 공기 좋고 좋은 경치에서 좋음을 이미 맛 본 사람은 사람들이 모여 있는 회색빛 건물사이의 삶이 답답하게 느껴지는 것이다. 산속이 아닌 세상에서 산 사람들은 그것이 불편한 것을 모른다. 하지만 신선한 공기와 푸른 자연을 이미 맛본 사람은 환경의 차이를 예민하게 느끼게 되는 것과 마찬가지이다. 그래서 나는 늦게까지 깨어 있는 습관을 바꾸었다. 술도 먹지 않고 일찍 잠들고 그리고 새벽에 일어나서 상쾌한 기분으로 책 읽고 지금은 글까지 쓰면서 건강한 라이프스타일 삶을 살고 있다.

"일찍 자고 일찍 일어나는 사람은 병을 모른다."

라는 옛 속담이 있다. 어느 나라 속담인지는 정확하지 않지만 공감하는 속담이다. 이 속담을 나는 진정성 있게 느끼고 있다. 일찍 자는 사람은 일찍 일어나는 것은 자연스럽다. 어른일 경우 일부러 일찍 자지는 않을 것이다. 이것을 반대로 나는 해석한다. 일찍 일어나기 위해 일찍 잔다. 일찍 일어나면 여러 가지 일을 효과적이고 생산적으로 할 수 있다는 것을 안 사람들이 피곤하고 무익한 밤 시간을 줄이고 일찍 자게 되는 것이다. 일찍 자니까 당연히 밤의 문화의 해악에 자신이 덜 노출되게 된다. 물론 밤의 문화도 필요할 때 가끔씩 하면 된다. 밤을 즐기다 보면 그 다음날 하루가 망치게 되는 경우가 많게 된다. 하루를 망치면 그 만큼 나의 목표와 꿈은 늦게 이루어질 수 있다. 그런 생활이 반복이다 보면 꿈이나 목표를 따지기보다, 단세포마냥 하루하루 즐겁게 사는 것이 목표가 될 수 있다. 꿈도 인생의 목표도 따지기에 체력이 안 따르게 된다. 젊었을 때는 억지로라도 따라갈 수 있지만 그것은 그야말로 억지로 자신의 몸을 밤 문화에 맞춘 것이다. 잠깐의 밤 문화를 위해 많은 시간을 억지로 산다는 것은 비생산적인 삶이 될 뿐 아니라 건강에도 적신호가 켜진다. 건강에 적신호가 켜지기 전에 늦게 자고 늦게 일어나는 습관을 바꾸자. 일찍 자고 일찍 일어나는 습관으로 평생 건강한 라이프스타일을 유지하자.

가시적 효과 3배 빠르다

나의 첫 개인저서 《하루 한권 독서법》이 나왔을 때 사람들의 반응은 다양했다.

"아구~ 언제 책은 썼데? 아이들 키우기도 바빴을 텐데⋯⋯."

"아이들은 팽개치고 쓴 건 아니지?"

간혹, 사촌이 땅을 사면 배가 아픈 인간의 속내를 드러내는 반응도 있었다. 하지만 대부분 사람들의 반응은 대단하다는 것이었다.

"와우~ 정말이야?"

"언제 책을 다 썼어?"

"정말 대단한데?"

라면서, 남들이 쉽게 할 수 없는 출간을 했다며 축하를 해주었다.

나도 신기할 따름이다. 사람이 이렇게 단시간 내에 책을 출간할 수 있구나,

라고 나의 일이지만 믿기지가 않을 때가 있다. 하지만 경험을 통해서 봤을 때, 출간은 능력의 문제가 아니라 사고방식의 문제였다고 말할 수 있다.

"책은 아무나 낼 수 없지. 아주 특별한 사람만이 낼 수 있어."

"나는 평범하니까 책 출간은 어려울 거야."

"책 낸 사람은 그래도 글을 좀 쓰는 사람일거야."

라고 계속 생각했다면 현재 나의 첫 책은 아직도 세상에 없을 것이다.《하루 한권 독서법》대단한 책이 아닐 수 있다. 하지만 그 책을 보고 '아, 나도 책을 읽어야겠다. 지금 힘든 것도 책을 통해서 답을 찾을 수 있겠구나', 라고 생각할 수 있다. 어떤 사람한테는 그 책이 삶의 문제를 해결하는데 도움이 될 수 있다는 것이다.《하루 한권 독서법》출간한지 시간이 지났음에도 지금도 꾸준히 판매가 되고 있는 걸로 봐서 사람들에게 읽히고 있고 읽힌 만큼 도움이 되고 있다고 판단할 수 있다. 생각을 바꾸지 않았다면 책 출간은 나의 삶에 없었을 것이다.

나는 본격적인 독서경력 5년 만에 책을 출간했다. 독서경력에 비해서 빠르게 출간한 편이다. 이렇게 할 수 있었던 최고의 일등공신은 새벽 시간을 활용했기 때문이라고 나는 명확히 말한다. 새벽이 없었다면 출간을 할 수 없었을 것이다. 사람들은 다들 자기 이름 박힌 책 출간을 버킷리스트로 가지고 있다. 하지만 계속 버킷리스트로만 가지고만 있을 뿐이다. 실행을 하지 못한다. 어떻게 해야 할지 모른다면 방법을 찾아야 하지만 바쁜 현실에서 책 쓰기는 후순위로 밀리게 된다. 하지만 새벽에 일어나 이 문제를 고민해보면 상황이 달라질 수 있다. 내가 출간할 수 있도록 도와준 새벽에는 특별한 비밀들이 들어 있다. 특별함의 가장 대표적인 것이 새벽에는 긍정적인 결과물이 나올 수밖에 없는 집중력에 있다.

집중력이 좋은 사람은 남들보다 좋은 결과물을 많이 낸다. 똑같은 시간을 투자해도 결과는 확연히 다른 것이다. 예를 들어 성적이 비슷한 아이 둘이 공부를 한다고 가정하자. 한 아이는 평소처럼 공부하고 한 아이는 집안에 안 좋은 일이 있다고 하자. 예를 들어 집안에 안 좋은 일, 즉, 엄마가 아프다거나, 아버지 사업이 부도가 났다거나, 기타 등……. 그런 일이 있을 경우에 아이는 공부를 해도 집중을 하지 못할 것이다. 그렇다면 같은 시간공부를 해도 머리에 들어가는 지식은 차이가 있게 되고 결국 성적의 차이도 나게 될 것이다. 이렇듯 모든 상황이 똑같을 경우 집중력의 차이가 곧 성적의 차이가 된다. 성인도 이와 마찬가지이다. 얼마나 집중력 있게 일을 했느냐에 따라 그 일에 대한 결과물이 달라진다.

독서 5년 만에 책을 출간할 수 있었던 것도 집중력 있게 읽었기 때문이다. 독서경력이 10년, 20년 되었지만 출간을 뒤로 미루는 사람들이 많다. 아예 출간을 엄두도 내지 못하는 경우도 있다. 절대 그렇게 생각 할 필요가 없지만 실상 그런 경우가 많다. 바쁜 일이 너무 많은 것이다. 아예 책만 읽는 사람도 있다. 나는 개인적으로 너무 안타깝게 생각한다. 독서경력이 많이 된 사람들이 자신의 지식과 지혜를 책으로 내어 많은 사람에게 도움이 되게 했으면 좋겠다는 생각이다. 생각을 바꾸면 출간은 자연스럽게 따라오게 된다. 집중력 있는 독서로 인해 이런 생각자체도 생긴다고 볼 수 있다. 집중력 있는 생각은 의식을 변화시키고 긍정적 결과를 가져온다.

집중력 있게 독서하면 삶의 변화가 일어난다. 책도 출간하게 된다. 집중력이 조금 딸리는 독서일 경우에는 매일 같은 생활이 반복된다. 책을 읽지만 변화가 미약하다. 삶의 변화도 자신의 사고나 행동의 변화도 더디거나 없을 수 있다.

불가리아 체조 선수들은 집중력을 키우기 위해 특별훈련을 한다. 함석으로 만든 듯 한 상자와 나무판을 이용한다. 상자 위에 판을 쌓아가면서 선수들은 중심을 잡으면서 계속 올라서는 훈련을 한다. 매우 쉽고 간단하면서 선수들은 전신근육을 조정하면서 균형을 잡기 위해 집중력을 키우게 된다. 이렇듯 집중력을 키우기 위해 별도의 훈련을 하기도 한다. 하지만 이런 훈련이 없이도 집중력 있게 일을 할 수 있는 방법이 있다.

집중력 있게 일을 하기 위한 가장 쉬운 방법은 새벽에 일어나서 하는 것이다. 새벽의 시크릿이다. 새벽에는 집중하지 않기가 더 어렵다. 새벽에 집중 독서하면 기억도 잘되고 기억이 잘되니까 삶의 적용도 잘된다. 그리고 기존의 사고, 행동, 습관에 변화까지 일어난다. 이 모든 것이 자연스럽게 집중할 수 있기 때문에 가능한 변화이다. 특히 사고의 변화에 있어 더욱 집중 독서가 필요하다고 할 수 있는데, 새벽에는 이 사고의 변화가 쉽게 일어난다. 사고의 변화는 책을 써야겠다는 결심으로 이어진다. 결심이 생기면 도전이 따라오고 도전이 있으면 실패를 거듭하면서 결국 그 목표를 향해 나아가게 된다. 새벽독서는 낮의 독서에 비해 3배 빠른 삶의 변화가 일어난다. 새벽에 집중력 있는 독서를 통해 책을 출간할 수 있을지도 모른다.

집중력 있는 새벽독서 4~5년이면 책을 출간한다고 나는 장담한다. 글이라고는 담 쌓고 살던 나도 그렇게 해서 책을 출간했기 때문이다. 독서의 끝은 책쓰기, 라고 했다. 책을 읽는 사람은 책을 안 읽는 사람에 비해 분명히 다른 삶을 살게 된다. 삶이 풍요로워진다. 또 하나 더 이야기할 수 있는 것은 독서의 끝인 책 쓰기를 한 사람과 안 한사람은 또 다른 삶을 살 수 있다. 새벽에 일어나서 자신에게 집중하게 되고 새벽독서로 책의 고귀한 명언들과 충고들을 삶에 적용하는 삶을 살다보면 책 쓰기도 자연스럽게 하게 된다고 강조하여 말하고 싶다.

이제 새벽에 일어나서 낮에 고민하던 일을 생각해보자. 색다른 경험을 할 것이다. 새벽에는 집중력이 생기는 만큼 낮의 꼬인 일들도 쉽게 술술 풀린다는 느낌을 받는다. 이것이 바로 새벽의 비밀, 시크릿이기도 하다. 이제 새벽을 활용함으로써 낮에 고민하던 세상살이 해결법도 쉽게 찾고 책도 읽으면서 가시적 결과물도 3배 많이 수확하는 기쁨을 누리도록 하자.

하루를 생산적이고 효율적으로 바꾼다

새벽 기상을 하기 전에는 시간의 소중함을 잘 몰랐다. 주중에는 열심히 직장을 다니고 주말에는 그냥 쉰다는 개념으로 살았다. 5일 일하기 위해서 주말도 반납한 모양새이다. 오로지 직장인으로서의 삶과 엄마, 주부로서의 역할만이 존재했다.

주말에는 항상 늦잠을 자게 된다. 새벽 기상 실천하기 전의 일이다. 금요일 저녁부터 주중의 생활은 흐트러진다. 무언의 규칙이 바로 금요일 날은 주로 외식, 특별한 일이 없으면 외식을 했다. 이것이 우리 가정의 룰처럼 정해졌다. 초등저학년인 아이들은 금요일 아침이 되면 가끔 물어본다.

"엄마, 저녁에 뭐 먹으러 갈 거야?"

자기가 먹고 싶은 것을 먹기 위해 가고 싶은 식당을 먼저 말하는 선제공격이라고 할까? 나는 생각지도 않은 질문을 받으면 그 사람의 의도대로 끌려가는 것이기 때문이다. 요즘 식당에는 아이들 놀이터가 있는 곳이 많다. 그곳에는 게임기도 있다. 아이들은 그런 곳에 가고 싶어 한다.

토요일 아침에 늦게 일어난다. 금요일 외식하고 기분 좋게 밤에도 늦게까지 자지 않는다. 밤에 재미있는 것들이 많다. 아이들은 오락을 하기도 하고 어른들은 컴퓨터를 켜고 사건사고를 다룬 다큐를 보기도 한다. 같은 경우에는 그 동안 본 책을 볼 경우가 많다. 주중은 아무래도 책 읽을 시간이 없기 때문이다. 그렇게 늦게까지 자지 않는다. 다음날은 늦게 잔만큼 늦게 일어나게 된다. 늦게 일어나서 아침도 점심도 아닌 식사를 하게 된다. 일명, '아점'이란 것을 먹게 된다.

오후 시간도 아침을 늦게 시작한 만큼 금방 시간이 지나간다. 아점을 먹고 좀 소화 시키다 보면 시간이 후딱 가버린다. 시간이란 것은 뭔가를 열심히 하게 되면 금방 지나간다. 또한 특별히 열심히 하지 않아도 똑같이 금방 지나간다. 그 둘의 차이는 앞의 시간은 많은 것을 한 알찬 시간인 반면 뒤의 시간은 오로지 먹고 자고 쉬는 것만 한 결과물이 없는 남는 것이 별로 없는 시간인 것이다. 이런 시간도 가끔은 필요하지만 주말을 그렇게 보내다 보면 습관이 되고, 습관이 되면 따라야 할 것 같은 의례처럼 그렇게 보내야 한다는 착각을 하게 된다. 습관이 무섭다는 것은 살수록 느끼게 된다. 오전과 오후가 허무하게 지나고 토요일에 이어 일요일도 그렇게 보낼 가능성은 커진다. 그래도 이래선 안 되지 해서 일요일은 특별히 야외에 나가기도 한다. 야외에서 시원한 공기도 마시고 아이들과 즐겁고 의미 있는 시간을 보내면 그때야 허무하게 보낸 토요일을 후회한다. 이양이면 토요일부터 일찍 일어나서 좀 더 알차게 보낼 것 안타까운 마음을 가지면서 그나마 일요일 아이들을 위한 야외나들이로 만족하게 된다. 이틀의 주말 시간중 2/3의 시간은 그렇게 비생산적인 시간으로 끝이 난다.

하루가 비생산적인 시간이 되는 가장 큰 이유는 아침을 늦게 시작했다는 것이다. 이것을 모르는 사람은 거의 없다. 허망한 주말을 보내고 난 뒤 '다음 주말에는 아침에 일찍 일어나야겠다.'라고 이렇게 다시 한 번 깨닫고 반성한다. 알면서도 실천이 잘 되지 않았다. 아는 것과 실천하는 것, 행동하는 것은 너무나 다르다는 것을 또 느낀다.

인생은 하루의 집합이다. 나의 인생은 하루, 하루가 모여서 만들어진다. 하루가 곧 나의 인생이라고 말할 수 있다. 인생을 생각한다면 하루를 먼저 생각해야 한다. 멋진 인생을 살고 싶으면 멋진 하루를 설계해야 한다. 왜냐하면 멋진 하루가 없이 멋진 인생이 있을 수 없기 때문이다. 성공하는 인생을 그린다면 어떻게 해야 할까? 당연히 하루에서 그 성공의 답을 찾아야 한다. 하루는 성실하지도 열심히도 살지 않으면서 인생의 성공이 그냥 떨어질리 없다. 만약 그런 것을 원하는 사람이 있다면 그 사람은 도둑놈 심보를 가진 것이다. 원인이 있어야 결과가 있는 법, 성공할 만한 이유를 만들어 놓고 성공의 결과를 바래야 자연스러운 것이다. 그것이 현명한 것이다. 똑 같은 논리로, 남들보다 더 생산적이고 효율적인 삶을 위해서는 하루가 생산적이고 효율적이어야 함은 너무나 당연한 것이라 할 수 있다. 생산적인 하루가 모여서 성공적인 인생이 된다. 스스로 만족하는 삶이 된다.

나는 나의 하루가 가장 생산적이기 위해 시간을 어떻게, 무엇을 하면서 보낼까 생각했다.

내가 가장 원하는 삶을 사는 것이 내가 가장 만족스러운 삶이 된다. 내가 원하는 것을 얻을 때 가장 생산적이라고 스스로 느낄 수 있다. 그 원하는 것이 무엇이든 간에, 세상 사람들이 봤을 때 하찮고 보잘 것 없는 것이라도 상관없다. 자기 자신의 생각이 가장 중요하다. 《하루 한권 독서법》 출간이후 나는 글쓰고 강연하는 메신저의 삶이 내가 계속 추구해야할 삶이라고 스스로 선언했다. 내가 가지고 있는 지식, 경험, 노하우를 제2, 제3의 책을 출간함으로써 사람들에게 조금이라도 도움이 되게 하고 싶은 바람이 있다. 또한 얼굴을 직접 보고 코칭과 강연의 방법으로 직접 생생한 이야기를 들려줄 것이다. 이런 메신저의 삶이 나의 소명이다, 라고 생각한다. 바로 이것이 내가 가장 원하는 삶이기에 나는 지금도 새벽에 일어나 책을 쓰고 있다.

나는 오전 11시까지 중요한 일을 마친다. 오전까지 두뇌는 액티브하다. 점심을 먹은 이후부터 뇌의 스마트한 기능은 떨어진다. 그래서 무슨 일이든 이 시간대에 하려고 한다. 특히 중요한 일이라고 판단하는 것은 이 시간대에 한다. 이때하면 덜 힘들고 처리과정도 수월하면서 빠르기 때문이다. 그리고 생각지도 않은 결과물들이 이 시간대에는 많이 만들어진다. 그 전날 고민 고민해도 답을 찾지 못한 문제들의 답과 해법의 아이디어가 나온다. 특히 이른 아침이나 새벽에 더 많은 아이디어와 다양한 해결점들을 찾을 수 있다. 그래서 이 시간대를 나는 사랑한다. 특히 새벽을 사랑한다. 오전에는 특별한 일이 아니면 이 시간만큼은 나의 시간으로 갖는다. 물론 지금은 휴직기간이라 11시까지 가능하겠지만 복직하면 새벽 시간대에 나의 인생에서 중요한 일을 집중적으로 처리할 것이다.

새벽에 일어나서 나는 초고 꼭지 글을 쓴다. 메신저의 삶을 살고 있는 나에게 가장 중요한 일은 책 쓰는 것이다. 초고 쓸 때 어떤 시간대에 쓰느냐에 따라 느낌이 다르다. 낮에 쓸 때와 새벽에 쓸 때는 확연한 차이가 있다. 새벽에 쓰면 내가 정해놓은 데드라인 시간에 맞추어 나의 능력를 내 마음대로 조정할 수 있다. 나의 의지대로 나의 능력 발휘가 가능하다.

'1시간 30분 뒤 꼭지 글 하나 완성 목표.'

라고 데드라인 시간을 정해놓고 새벽에 쓰면 그 시간대에 맞추어 꼭지 글 하나를 완성한다. 그럴 경우가 대부분이다. 이것은 새벽에 그만큼 집중력이 높다는 의미이다. 이런 점은 새벽 시간 글쓰기와 낮에 쓰는 글쓰기와 가장 두드러진 차이점이다. 자신의 잠재능력을 얼마든지 발현되는 시간대가 새벽이라고 말할 수 있다. 그래서 꼭지 글 쓸 때 새벽에 하게 되고 그 시간대를 놓치지 않으려고 한다. 결국 새벽에 일찍 일어나게 되면 꼭지 글 2개까지도 완성할 수 있다. 하루 목표가 꼭지 글 2개라면 그것을 새벽에 하나 써야 한다. 그리고 나는 오전 중에 하나를 마저 완성한다. 가능한 새벽에 2개를 완성할 수 있도록 앞으로 노력하고자 한다. 새벽에 하는 일이 하루 꼭지 완성수를 지배한다.

다른 일도 마찬가지이다. 꼭지 글 쓰는 일 외에도 역시 똑같이 적용이 된다. 새벽 기상과 함께 그 시간에 무엇을 했느냐가 그날 하루의 질을 결정할 때가 많다. 새벽에 하는 일이 하루의 생산성과 효율성을 결정한다고 볼 수 있다. 길게 봤을 때 새벽의 하는 일이 가치 있는 인생이 되도록 하는데 강력한 영향을 미치게 된다. 결국 새벽에 하는 일들이 인생을 결정한다고 볼 수 있는 것이다. 새벽에 일어나지 못하는 사람은 새벽의 가치 있고 생산적인 결과물의 귀한 혜택을 놓치게 된다. 남들과 다르게 살기가 어려워진다. 비범하지 못하고 아주 지극히 평범한 삶을 살게 될 가능성이 높다.

하루를 생산적이고 효율적으로 바꾸고 싶으면 새벽에 일어나라. 그리고 가치 있는 일을 해라. 자신의 인생에서 가장 중요한 일을 새벽에 해라. 새벽에 일어났지만 그 시간을 유익하게 활용하지 못하고 가치가 덜 한 활동으로 새벽 시간을 허비하는 경우도 있다. 어렵게 일어난 그 시간을 그렇게 허비해서는 안 된다. 내 인생에서 가장 가치 있는 것을 안겨다 주는 하루가 되도록 ㄴ값진 행동으로 새벽을 채우자. 꾸준히 하루를 그렇게 시작하면 그 하루는 원하는 삶으로 한 발자국 다가가게 할 것이다. 새벽이 결정한 생산적인 하루는 결국 자신이 원하는 생산적인 인생을 만든다는 것을 잊지 말자.

제3장

인생 값진 씨앗이 될 새벽 활동들

새벽 기상 매일 다짐해라

"새벽 4시 기상."

나는 이렇게 목표를 세웠다. 나의 목표를 듣는 사람은 이렇게 질문한다.

"새벽 4시 기상이라고요?"

"그것이 가능하나요?"

"스님도 아니고 새벽 4시에 일어나는 특별한 이유가 있나요?"

이런 질문의 폭탄을 받을 때도 간혹 있다. 새벽 기상에 특별히 관심이 없는 사람들에게는 아주 특별하게 보일 수 있다. 나는 새벽에 관심이 많고, 새벽의 가치를 누구보다 절실히 느끼고 있다. 그렇기 때문에 나는 새벽 기상 시간을 점점 앞당겨 더 많은 새벽 시간을 가지려고 한다. 하루에 딱 한 번 있는 새벽 시간. 그 시간을 늘리기 위해 새벽 4시를 목표로 삼았다.

새벽 4시를 목표로 삼았지만 못 일어날 때가 더 많다. 4시에 일어나는 경우가 많지 않다. 하지만 목표를 4시 기상으로 두면 어떨 때는 4시 전후로 일어난다. 마음의 중심이 4시 기상에 있기 때문이라 생각한다. 그래서 목표를 그렇게 세워두었다. 처음 4시 기상을 목표로 세울 때도 '이거 너무 이른 시간 아니야?' 라고 스스로 과하다는 생각을 했다. 이런 생각도 주변에 4시에 일어나는 사람이 없기 때문에 든 생각이었다. 주변을 생각할 필요가 없는 것에까지 너무 남을 의식한 것이다. 내가 새벽 시간이 좋으면 밤 시간을 줄이고 새벽 시간을 많이 가질 수 있는 것이다. 새벽 시간을 중심으로 하루를 재설계하면 된다. 나처럼 직장 맘이라면 낮 시간은 여유가 없기 때문에 피곤한 밤 시간을 조절해서 줄이는 것이다.

밤 시간을 줄이면 밤에 쓸데없이 보내는 비생산적인 시간을 줄이게 되어 좋다. 물론 밤의 문화를 포기하지 못한다고 하는 사람도 있지만, 그 밤의 문화보다는 새벽 기상 후 집중하는 그 시간이 더 만족감과 행복감을 준다. 처음에 새벽 기상 자체가 힘들어 그런 것을 느낄 수 없을지 모른다. 하지만 새벽 기상이 습관으로 정착된 후에는 오로지 새벽의 에너지 넘치는 기운의 흐름을 타고 내가 하고 싶은 것을 하는 그 기분은 새로운 유토피아의 세계가 된다. 그래서 나는 새벽 시간을 놓치지 않기 위해 매일 다짐한다.

처음 내가 새벽 기상을 결심하고 목표로 한 시간은 6시였다. 6시 기상도 쉽지 않았다. 새벽 기상 실패의 연속이지만 포기하지 않고 계속하니 일어나는 시간이 점점 앞당겨졌다. 시행착오를 거쳐서 나름의 노하우가 생기게 된 것이다.

갑자기 변화되는 것은 아무것도 없다. 큰 변화 전에 조금씩 인위적인 노력 과정이 필요하다. 새벽 기상도 마찬가지이다. 하지만 주위에서 새벽이 좋다고 하니까 성급히 무리하게 새벽에 일어난다면 3일을 넘기지 못하고 포기하는 경우가 생긴다. 새벽에 일어나는 것은 몸의 리듬을 바꾸는 것이다. 평생 유지해오던 리듬을 바꾸는 것인데 그것은 의지만으로 돌연 바뀌어지지 않는다. 무리하면 안 된다. 서서히 생체 리듬을 바꾸는 그 시간을 잘 극복하는 것이 새벽 기상의 최대 관건이다. 새벽 기상 너무 무리하지 않고 낙숫물에 바위 뚫듯이 그렇게 천천히 한다는 생각으로 임해야 한다. 실패는 당연한 것이다. 어떤 때는 일어나고, 어떨 때는 못 일어나고 그것은 일시적인 실패인 것이다. 성공으로 가는 과정에 반드시 있는 일시적 실패라는 것을 염두에 두어야 한다.

　나는 책을 읽기 위해 새벽에 일어나야겠다고 다짐했다. 아마 5년 전이었다. 다짐을 하고 새벽수영을 등록했다. 그래서 수영 경력과 새벽 기상의 경력이 거의 같다. 독서 시간을 찾았지만, 고민을 거듭하면서 찾았지만 새벽 시간밖에 없다는 것을 인지했다. 새벽잠을 반납하기 싫었지만 어쩔 수 없었다. 그래서 새벽 시간에 일어나야겠다고 결심했다. 결심까지는 정말 잘 한 일이지만 실천의 어려움이 남아있었다. 물론 각오한 만큼 변화는 따라온다. 다짐했기 때문에 이리저리 그 방법들을 생각하게 되기 때문이다. 다짐이 없었다면 궁리 자체도 하지 않게 된다. 어떤 목표를 세웠다면 그것을 달성하기 위해 스스로 확실히 선언을 하는 과정이 그래서 중요한 것이다. 선언, 즉 스스로 다짐하는 그 과정이 필요하다.

　새벽수영을 등록하면서까지 노력했지만 처음에는 일찍 일어나는 것이 정말 쉽지 않다. 새벽수영시간은 6시에서 7시까지이다. 그렇다면 5시 30분에는 일어나야 한다. 평상시 7시쯤 일어났다면 1시간 30분을 당겨야 한다. 아침에 10분 당겨 일어나는 것도 어려운데 1시간 30분이라니……. 당연히 실패의 연속이었다. 매일 일어나자마자, '오늘도 알람소리 못 들었네.', '오늘도 실패했

네,' 라면서 스스로 자괴감도 든다.

　새벽 기상 목표를 세워도 실패할 수 있다. 목표를 세우면 한두 번 실패 후 달성된다고 생각하는 것은 큰 실수이다. 무조건 이루어야 한다는 전제를 한 것이 잘못이다. 목표는 실패가 전제되어있다. 목표는 나아가야 할 방향이다. 목표의 목적은 비록 실패가 있더라도 그것을 향해 조금씩이라도 나아가기 위함이다. 생각의 차이가 현실의 차이를 만든다. '실패해도 좋다', '실패해도 괜찮다', '실패를 많이 할수록 새벽 기상 할 날은 가까워진다.' 이렇게 생각하면 비록 오늘 하루 새벽에 못 일어났다고 그렇게 실망하지 않을 것이다. 포기하지도 않을 것이다. 새벽에 일찍 일어나는 것을 습관들이기 위해서 실패에 무덤덤해라. 실패가 쌓여 새벽 기상 습관이 된다,라는 생각의 전환이 필요하다.

　나는 새벽 기상 실패해도 좋다, 라고 생각을 바꾸었다. 새벽에 일찍 일어나기 위해 노력했지만 번번이 실패하면 화가 난다. 자신에게 실망스럽다. 그것이 화근이 되어 '아이, 새벽에 안 일어나고 만다.',라고까지 급회전을 한다. 꼼꼼한 성격일수록 이런 상황으로 끝날 수 있다. 그리고 실수하는 것을 싫어하는 사람일수록 중간에 포기하는 사람도 더 많다. 진짜 완벽주의자중에 실패하는 것이 두려워 아예 시도조차 안하는 사람도 있다. 이것은 새벽 기상 뿐 아니라 다른 일에서도 마찬가지이다. 그렇게 하면 결국 가치 있는 새벽 시간은 나의 삶에서 사라지게 되는 것이다. 새벽수영 못가도 된다고 느긋하게 생각하니 오히려 더 일찍 일어나게 되었다. 한 달, 두 달 시간이 지나고 석 달 정도 되니까 새벽에 일어나는 것이 덜 힘들어졌다. 조금 여유도 생겨서 5시에 기상해서 30분 독서하고 새벽수영을 갈 정도가 되었다.

　새벽 기상 실패하더라도 매일 다짐해야 한다. 새벽에 일찍 일어나는 것이 완전한 습관이 되기까지 시간이 필요하다. 신체리듬이 일찍 일어나는 것으로 바뀔 때까지의 시간인 것이다. 나의 경험으로 봤을 때 최소 3개월 정도 시간이 요구된다. 3개월 투자하자. 오늘 비록 일어나지 못하더라도 못 일어나는 것에 집중하지 마라. 그냥 실패도 일찍 일어나는 하나의 과정이라고 생각해라. 실패가 있는 것이 자연스러운 것이지 한 번에 새벽 일찍 일어나는 사람은 없다. 사람이기 때문이다. 기계라면 세팅해 놓은 데로 일어나겠지만 사람은 기계가 아니다. 실패를 인정하면서 매일 해야 할 것이 바로 매일 결심하는 것이다.

"나는 내일 5시에 기상 한다"

5시 기상이 나의 일상이지만 그냥 한 번 더 되새긴다는 느낌으로 다짐하자. 평이하게 이야기하자. 5시기상이 매일 실패할 수밖에 없는 아주 어려운 그 무엇이 아닌 것이다. 실패한 만큼 내일은 일어나기 더 쉬워진다는 생각으로 5시 기상, 4시 기상을 다짐하자.

이런 각오를 할 때 가장 좋은 시간이 있다. 수면직전이다. 수면직전의 생각은 잠재의식 속으로 들어간다. 잠재의식에 명령을 하는 것이다. '나는 내일 5시에 일어난다.' '나는 내일 4시에 일어난다.' 이렇게 주문을 하면 잠재의식은 그 주문을 있는 그대로 받아들인다. 잠재의식이 받아들인 명령은 다음날 새벽 기상으로 놀라운 영향을 미친다. 잠재의식을 활용한 새벽 기상이라는 습관형성이다.

새벽 기상의 목표가 실패했다고 해서 실망하지 말자. 오늘은 내일도 온다. 다만 실패하더라도 내일 또 도전하면 된다. 도전을 하기 전 새로운 다짐을 하는 것은 나 스스로 새벽 기상의 목표를 잊지 않기 위함이다. 바쁜 일상으로 새벽 기상을 잊어버리고 그 가치를 잊지 않고 나의 것으로 만들기 위한 장치인 것이다. 좌절하고 포기만 하지 않는다면 새벽 시간은 나의 삶에 놀라운 값진 씨앗의 열매를 맛볼 수 있게 할 것이다. 그런 확신과 믿음으로 오늘도 새벽 기상을 다짐하자.

새벽에 할 일은 따로 있다

최근 둘째아이가 아침 일찍 깨워달라고 한다. 이 곳은 필리핀 세부이다. 아이들은 이곳에서 학교를 다니고 있다. 집은 사립학교 바로 옆, 가드가 있는 빌리지 에서 거하고 있다. 아이들은 주중에 7시 50분까지 학교에 가야 한다. 매우 이른 등교이다. 한국학교와 다르게 들어갈 때 입출입 시간을 찍을 수 있는 카드가 있다. 학교에 들어가기 전에 그 카드를 찍고 들어간다. 늦으면 반성문을 쓰게 된다고 한다. 아직 아이들 반성문을 안 썼지만 그런 시스템이라 아침에 스스로 서두른다. 주중에는 아침 7시쯤 일어난다. 어느 날 갑자기, 딸이 새벽 시간에 깨워달라고 이야기했다.

"엄마, 나 내일부터 6시에 깨워줘."

"6시는 너무 이른데, 일어나서 뭘하려고?"

"어쨌든 깨워줘. 엄마~!"

하도 고집스럽게 주장하기에 그러겠다고 대답은 했다. 월요일이면 모르겠지만 월요일도 아닌데 굳이 그렇게 빨리 일어날 필요가 없다. 오히려 더 피곤할 수 있다는 염려를 하면서 다음 날 아이를 깨웠다. 결과는 불을 보듯 뻔한 상황. 아이는 일어나지 못했다. 신체리듬이 1시간 30분은 더 자야하는데, 갑자기 그 시간을 당겨 일어나려고 하니 힘든 것이다. 어른도 이렇게 갑자기 기상시간을 당기면 힘든다. 하물며 잠이 풍족하게 필요한 어린 아이는 더 할 수밖에 없다. 아이들은 즉흥적인 경향이 많다. 무엇이 하나 꽂히면 당장 그렇게 해야 한다. 일이라는 게 순리가 있는데, 특히 새벽에 일찍 일어나는 것은 시간을 두고 서서히 몸에 익히면서 습관화해야 할 부분이다.

결국 정아는 일어나지 못했다. 그리고 7시쯤 일어나서 자기를 깨우지 않았다고 엄마 탓을 한다. 엄마는 약속을 안 지킨다고 말한다. 이거~ 참 원, 부모가 무슨 죄인가? 모든 일이 다 엄마, 아빠 탓이 된다. 나도 어릴 때 그랬나? 하면서 그냥 웃어넘긴다. 그리고 본인의 의사대로 그 다음날 다시 6시에 깨웠다. 그 날은 일어나서 1층으로 내려왔다. 잠시 식탁에 앉더니 다시 소파에 누웠다. 새벽에 일어나서 다시 누우면 게임아웃이다. 역시나 정아는 쌔근쌔근 다시 잠이 들었다.

그날 아이는 학교 끝나고 집에 돌아 와서 피곤해 했다. 피곤하니 짜증이 나고 음식도 맛이 없다. 도시락밥과 반찬도 남겨왔다. 왜 갑자기 새벽에 깨어나서 피곤하기만 하게 그러는지? 아이의 갑작스런 새벽 기상은 의문점만 남기고 하루 만에 막을 내렸다.

새벽 기상 처음에는 적응기간을 거치게 된다. 하지만 끝까지 실천을 하다보면 힘든 상황이 점점 줄어든다. 그리고 나름의 노하우도 생긴다. 시작을 했으면 계속 진행해야 한다. 그러면 하루하루 새벽 기상이 익숙해진다. 새벽 기상 하면서 하지 말아야할 첫 번째가 바로 이것이다. 하다가 포기하는 것. 더 피곤 하기만 하고 소득이 없다. 아니, 마이너스이다. 하루의 실패는 있어도 새벽 기 상 포기는 없다는 마음자세, 새벽 기상 도전 처음에 가져야할 태도이다.

새벽에 일어났다면 새벽에 무엇을 할지 미리 정해 놓아야 한다. 귀한 새벽 시간 나의 삶에 도움이 되게 하기 위해 어떤 활동을 할지 정해야 하는데, 나는 말하고 싶다. 새벽에 할 일은 따로 있다, 라고 강조하고 싶다. 4년 이상 새벽 기 상을 해본 결과 "새벽은 특별한 무엇인가가 있다." 라고 결정을 내렸다. 그 특 별한 것은 새벽 시간에 자신 내면의 잠재능력이 최대로 발휘할 수 있다는 것 이다. 이 시간을 내 인생에 중요한 영향을 미칠 일을 하는데 사용해야 한다.

새벽 시간. 길게 잡으면 3시간, 4시간이다. 새벽 4시에 기상한다고 했을 때 8 시까지로 잡을 경우 4시간의 새벽시간을 가질 수 있다. 이렇게 되기 위해서는 많은 시간이 요구된다. 새벽 기상도 베이비 단계가 있고 고수 단계가 있다. 처 음에는 6시 기상으로 시작해서 새벽의 가치와 매력을 느끼면서 점점 기상시 간이 앞당겨진다. 시간이 앞당겨질수록 새벽 기상의 고수라고 할 수 있다. 남 을 의식한 새벽 기상은 소용이 없다. 경쟁하듯이 새벽 기상 시간을 앞당기는 것은 자신의 삶에 무의미할 뿐 아니라 오히려 독이 된다. 조금씩 실패도 해가 면서 그렇게 자신의 속도에 맞게 새벽을 자신의 삶으로 끌어들여라. 새벽 여 러 번의 실패를 통해 자신의 삶으로 만들었다면 그 다음단계로 생각해야 할 중요한 것이 새벽에 일어나서 무엇을 하느냐이다.

새벽 기상 처음에 나는 운동하는데 새벽 시간 전부를 사용했다. 사실 운동 을 새벽에 선택한 이유는 새벽에 일어나기 위함이었다. 새벽 수영등록을 통해서 새벽에 일어나는 습관을 들였다. 새벽수영은 6시에서 7시 수업 받는 것이라, 늦어도 5시 30분에는 일어나야 한다. 다행히 운동하는 곳이 가깝게 있어서 그 정도 기상이 가능했다. 만약 거리가 있는 스포츠센터라면 더욱 일찍 일어나야 처음에는 부담스러워도 더 이른 새벽에 일어날 수 있는 장점이 있다. 6시 수업이지만 5시 30분에 일어나지 않았다. 처음에는 수영을 하는 것보다 수영장에 도착하는 것을 목표로 했다. 그래도 수영 수업시간 내에 도착하는 것으로 하니, 기상시간이 조금씩 빨라졌다. 그렇게 기상습관을 들여서 새벽에는 무조건 운동을 하는 시간으로 가졌다. 새벽 시간 운동을 하니까 몸이 확실히 건강해졌다. 저녁에 일찍 자고 새벽에 일어나서 건강해지고 수영도 하니 건강해지는 것이다.

새벽 기상이 어느 정도 습관화 되었을 때 책을 읽기 시작했다. 수영 가기 전 한 문단씩 읽는 정도로 조금씩 읽었다. 그것이 마중물이 되어 점점 운동보다는 책 읽는 비중을 늘려갔다. 새벽에 운동만 할 때도 아주 좋았었다. 하루가 24시간이 아니라 26시간처럼 느껴졌다. 그 전 같으면 아직 이불속에 있을 시간인데, 그 시간에 운동을 하고 건강해지는 것을 느끼니 아주 뿌듯해졌다. 남들과 달리 아주 훌륭한 인생을 산다는 뿌듯함까지 생긴다. 하지만 책을 읽으면 운동만 할 때와 또 다른 생각을 하게 된다. 새벽에 책을 읽는 것이 나의 인생에 더 도움이 되리라는 생각을 하게 된다. 새벽에 운동만 했을 때 나의 몸이 건강해지는 것을 확실히 느낄 수 있고 새벽에 책을 읽으면 나의 인생이 성장하고 발전한다는 것을 느낄 수 있다. 그 동안 새벽독서를 한 나의 경험상 실제 그렇기도 하다.

그래서 나는 새벽에 운동만하기보다 책을 읽기를 권한다. 그 귀한 시간에 몸을 건강하게 만드는 것도 좋지만 머리가 가장 개운한 그 시간에 인생 목표와 성공의 씨앗이 될 수 있는 활동이 좋다. 몸이 건강해지듯, 나의 인생에 새로운 혁신의 바람이 불어올 수 있다. 즉, 새벽독서를 하게 된다면 인생과 건강을 두 가지 다 챙기면서 인생의 변화가 생길 수 있다는 것이다. 인생의 수많은 깨달음과 배움, 아이디어가 새벽 독서나 명상을 통해서 가능하기 때문이다. 새벽 독서의 깨달음으로 인해 결국 몸의 건강도 부차적으로 따라온다. 새벽 시간을 알차게 보낼 수 있는 방법을 계속 생각한다. 귀한 새벽 시간을 어떤 일을 하는데 활용할 것인지, 어떤 일을 하는 것이 그 귀한 시간을 가장 잘 사용하는 것일까? 내 인생에서 가장 중요한 일들로 그 시간을 채워야 한다는 생각을 늘 기본적으로 하게 된다. 그런데 오로지 건강만 챙기는 것으로 그 시간을 채우는 것은 극단적으로 말해서 소중한 시간을 그냥 버리는 것과 같다고 말할 수 있다. 새벽 시간을 운동만으로 다 채우지 않기를 거듭 강조한다.

새벽 시간은 특별하다. 아는 사람은 안다. 모르는 사람은 직접 체험을 해보기 전까지는 모른다. 체험도 한 두 번만 해서는 잘 모른다. 제대로 체험을 하기 위해서는 어느 정도 의식적으로 받아들이고 신체에서도 새벽 기상이 크게 거부반응이 없을 때 느낄 수 있다. 새벽 기상으로 몸의 힘듦이 사라지고 난 이후 그 가치를 피부로 느낄 수 있다는 의미이다. 새벽에는 자신도 모르는 특별한 능력이 나온다는 것을 알게 된다. 배움도 깨달음도 빠르다. 그리고 삶의 적용으로 이어진다. 이런 체험으로 인해 의식과 관련된 활동을 하게 된다. 운동만으로 새벽을 채울 때는 절대 알 수 없는 부분이다.

운동은 새벽습관을 들이는 목적으로만 활용해라. 습관이 어느 정도 들었다면 새벽독서를 권한다. 새벽 활동으로 무엇을 했느냐에 따라 새벽의 효과는 천지차이다. 힘들게 새벽에 일어났는데, 인생이 변화되지 않는다면 차라리 잠자는 것이 더 도움이 될 수 있다. 새벽 기상으로 자신의 인생에 결정적인 도움이 될 수가 있느냐 없느냐는 그 시간에 무엇을 했느냐에 따라 결정된다. 이양이면 내 인생에, 내 삶에 가장 도움이 될 수 있는 일을 하자.

다시 한 번 강조한다. 단지 운동만으로 귀한 새벽 시간 채우지 마라. 나의 인생혁신이 일어날 계기가 될 특별한 그 일을 하자. 특별한 그 일은 새벽독서이다. 새벽독서의 깨달음으로 건강도 인생도 챙길 수 있기를 바란다. 새벽에 할 일은 따로 있다는 것 잊지 말자.

새벽, 간단한 활동으로 시간의 힘을 활용해라

처음에 아주 간단한 행동도 시간을 두고 반복하다보면 나에게 값진 도움이 된다. 시간을 투자한 간단한 행동으로 나는 변화할 수 있다. 긍정적인 모습으로 변화한다. 별 도움이 안 될 것 같은 단순한 활동이라고 아예 시도하지 않는 경우에는 그 활동의 거대한 힘을 못 가지게 된다. 나비는 하늘을 날아다니기 전에 바닥을 기어 다니는 애벌레였다. 그런 미약한 시기가 있지만 그 시간이 지나고 하늘을 날아다니는 세상을 살게 된 애벌레가 된다. 만약 애벌레라고 하는 현재에만 집중했다면 희망도 노력도 하지 않았을 것이다. 말하고자 하는 핵심은 아주 미약한 시간과 미숙한 행동 속에 존재하는 거대한 힘을 볼 수 있어야 한다는 점이다. 지금은 비록 사소한 시간일지라도 시간이 지나면서 큰 힘으로 변화되어 우리의 삶에 큰 가치를 안겨다 줄 것이다.

나는 새벽에 일어나서 읽고 쓴다. 처음 새벽 기상의 목적이 독서였다. 새벽

독서로 집중적인 책을 읽으면서 의식과 행동의 놀라운 변화를 체험했다. 그리고 나는 책을 출간하게 되었다. 현재 나는 새벽에 일어나 독서와 책 쓰기를 같이 하고 있다. 읽고 쓰는 활동 외에 나는 새벽 시간을 활용해서 다른 활동들을 추가하기로 했다. 시간의 힘을 이용하기로 한 것이다. 나는 아주 작은 행동을 매일 반복하는 것의 위대함을 알고 있다. 귀한 새벽 시간을 이용하면 매일 반복할 수 있고 하루도 빠지지 않고 할 수 있다, 라는 판단이었다.

그래서 본격적으로 읽고 쓰기 전 간단한 활동을 한다. 간단한 활동이 시간을 들여 습관이 된다면 나의 삶에 긍정적인 영향을 미친다. 한꺼번에 많은 시간을 투자하는 것보다 시간을 나누어서 조금씩 매일 하게 되면 그것은 습관이 된다. 습관은 나의 인생을 지배하게 된다. 작은 행동일지라도 매일 반복하여 나의 인생에 긍정적인 영향을 주기 위해 나는 어떤 활동을 할 것인가를 생각했다. 새벽 시간 오로지 책 읽고 글 쓰는 것 외에 추가로 인생에 도움이 될 활동을 찾았다. 그래서 하게 된 것이 새벽에 일어나자마자 물 한 컵 마시고 맨손 체조, 바닥 청소하는 것으로 결정했다. 이것은 건강과 마음을 챙기는 활동이다.

아주 사소한 일이 나의 건강을 챙긴다. 물 한 컵 마시고 맨손 체조하는 것이 간단한 행동이라 부담이 없다. 이 사사로운 행동이 얼마나 나의 건강을 챙길지는 구체적으로 잘 모르나 건강에는 분명 도움이 될 것이다. 복잡하게 생각하지 않고 그냥 행동하기로 결심했다. 건강을 챙기는 것이니 안하는 것보다 백 배 낫다. 그리고 습관이 되기 때문에 다른 건강 행동의 유발제가 될 수도 있다. 현재 두 달 동안 꾸준히 하고 있다. 두 달이면 어느 정도 습관이 될 상황이다. 맞다 새벽에 일어나서 1층으로 내려오면 바로 불을 켜고 바로 냉장고로 간다. 냉장고에서 물통을 꺼내들고 물 한 컵을 따라 크게 한 모금을 마신다. 그리고 빗자루를 꺼내고 바닥 청소를 한다.

새벽에 일어나서 물 한 컵을 마시면 좋은 점이 있다. 잠자리를 박차고 일어나긴 했지만 아직 완전 잠이 깬 것은 아니다. 이럴 때 또 사용하는 방법이 물한 컵을 마시는 것이다. 단지 물 한 컵이지만 이것이 아주 유용하다. 일어나자마자 물을 마시면 좋은 점 두가지를 정리해 보았다.

첫째로는, 잠이 완전히 깬다는 것이다. 사람이 먹으면 의식이 쉽게 돌아온다. 씹으면서 뇌가 자극되기 때문이다. 뇌를 발달시키려면 딱딱한 음식을 먹으라는 말도 있다. 씹는 것이 뇌와 연관이 있기 때문이다. 씹는 것뿐 아니라 마시는 것도 뇌에 자극을 준다. 사실 머리 부분의 감각을 자극하면 뇌가 각성이 잘 된다. 눈으로 보는 시각, 귀로 듣는 청각, 입으로 먹는 미각들이 그것이다. 뇌와 가까이 있는 감각기관이기 때문에 더욱 뇌를 각성시킨다. 시각, 청각, 미각 3가지 감각 중에서 특히 부담 없이 잠을 깨우기 좋은 방법이 미각을 자극하는 것, 즉 물을 마시는 것이다.

두 번째로 좋은 이유는 밤 사이에 생긴 탈수 증상을 보충하기 때문이다. 사람은 수면 중에도 수분을 소실한다. 낮에 비해서 밤에는 마시지 않고 수분 소실만하게 된다. 호흡을 통해서도 소실하고 피부를 통해서도 수분은 소실된다. 새벽에 일어나서 소변을 보는 경우도 있다. 사람의 몸은 70~80%이상 물로 이루어져 있다. 수분 소실은 반드시 보충해주어야 할 부분으로 건강에 좋다. 그런 밤사이의 수분소실을 기상직후 물 한 컵으로 보충하게 된다.

새벽에 하는 맨손체조도 여러 가지 장점이 있다. 새벽에 일어나서 하니까 잊어버리지 않고 매일 집중해서 할 수 있다. 내가 운동에 관한 전문 지식이 있는 것은 아니다. 어떤 동작이 어떤 근육을 발달시키는지 정확히 알지 못한다. 여기가 아프면 이런 동작을 해야 한다, 라는 지식이 없다. 다만 일반적으로 간단히 할수 있는 활동으로 나는 매일 하고 있다. 내가 하고 있는 맨손체조는 윗몸일으키기, 뒤로 손을 짚고 비스듬히 앉아서 다리 올렸다 내리기이다. 그리고 팔 스트레칭 이 정도로 몸이 아주 유연해진다. 최근 하나 더 추가한 것은 양반다리모양으로 발바닥 서로 붙여서 앉아서 오래 있기, 이것은 허벅지 안쪽 근육이 땅기면서 때론 아프기도 하다. 하지만 골반에 좋고 많이 유연해진 느낌을 받는다. 나이가 들어가는 사람이나 한 자세를 오래 취하는 직장인들의 몸은 점점 굳어간다. 이렇게 새벽마다 맨손체조로 풀어주면 굳는 속도를 늦출 수 있다. 새벽에 맨손체조가 하루 맨손 체조하는 횟수를 늘리는 계기가 되기도 한다.

마지막하는 일은 바닥 쓸기이다. 나는 본격적으로 일 시작하기 전 바닥을 쓴다. 물 한 컵을 마시면서 바닥을 쓴다. 하루 중 가장 가치 있는 새벽을 여는 하나의 의식이다. 바닥 쓸기를 하면 기분이 좋아진다. 덤으로 집까지 깨끗해지니 안할 이유가 없다. 보통 청소라고 하면 시간을 내서 한다. 크게 까지는 아니라고 해도 마음을 먹어야 청소를 하게 된다. 하지만 나는 그런 결심 없이 새벽마다 가볍게 청소를 한다.

새벽을 여는 하나의 의식처럼 청소 한다. 청소가 부담되지 않는다. 어쩌다 청소했을 때, 더러운 것이 많아 반나절 동안 청소를 부르는 상황이 발생하지 않는다. 매일 하니까 부담 없이 청소하고 바닥도 깨끗하다. 물론 청소만 본다면 바닥 쓰는 것 외에 다른 청소는 따로 하지만 바닥만은 깨끗이 유지가 된다. 바닥 쓸기만큼은 새벽에 가볍게 해결 할 수 있다. 청소하고 돌아서면 청소해야하는 어린아이가 있는 가정에서는 이 방법이 아주 유용하다. 새벽에 간단히 실천해서 낮에 해야 할 일을 줄이고 시간도 벌고 좋아진다.

새벽 시간은 많은 가능성을 가지고 있다. 낮의 시간과 비교해서 그 집중이나 효과 면에서 탁월하다. 평범한 사람도 새벽 시간을 이용하면 새벽 시간의 기운을 받고 집중력 있게 일을 완수하고 빠르게 성과를 낼 수 있다. 그것을 실제 피부로 느끼지 못해서 못할 뿐이다. 그런 무한 잠재능력을 발휘할 가능성을 가진 새벽 시간에 한 가지 일만 하기에는 그 시간이 아깝다. 새벽에 적응되고 난 이후에는 활동의 숫자를 늘려라. 한 가지 활동만 하는 것은 새벽 시간 100% 중 단지 50%만 활용하고 나머지 50%는 사장시키는 것과 같다.

새벽, 간단한 활동으로 시간의 힘을 활용하자. 본격적인 일을 시작하기 전에 간단한 활동을 하는 것이다. 각자 저마다 새벽에 일어나는 목적이 있을 것이다. 주로 자기계발을 위한 목적이 많다. 그런 목적에 더해서 아주 간단한 활동 한 두 가지를 정해서 새벽에 매일 반복해보자. 그 시간은 단 5분, 10분정도 투자하면 된다. 새벽에 일어난다면 항상 하는 활동, 새벽을 좋아하게 된 사람은 매일 새벽에 일어날 것이고 새벽에 일어나면 항상 그 간단한 활동을 할 수 있게 될 것이다. 건강을 챙긴다거나 마음을 챙기는 것을 목적으로 간단한 활동을 매일 해라. 무한 능력 발휘가 가능한 새벽 시간에 짧은 시간, 간단하게 매일 하는 활동으로 인생의 새로운 변혁의 계기를 마련할 수 있다.

자기계발서를 읽어라

일부 사람들 중에서 자기계발서를 읽을 가치가 없는 것처럼 표현하는 경우가 종종 있다. 문학서가 아니고 비 문학서라고 무시하는 경향도 있다. 이런 사람들은 이렇게 이야기한다.

"자기 계발서 읽다보면 작가 혼자 잘난 것처럼 이거해라, 저거해라, 쓰여 있어서 싫다. 자기들은 특별한 능력을 가진 사람이겠지~!"

자기 계발서에 대해 폄하하고 부정적으로 이야기한다. 작가가 잘나서 하는 이야기라고 받아들이면 책을 볼 맛이 떨어진다. 작가는 그 주제에 대해 먼저 연구하고 경험한 사람이라고 받아들여야 한다. 그 주제에 대한한 가장 전문가라고 생각하고 가장 싼 수업료를 내고 공부한다는 마음으로, 열린 마음으로 읽는 자세가 필요한 것이다. 그렇게 자기계발서를 읽다보면 정말 새로운 세계가 열린다. 난 꼭 그렇게 표현하고 싶다. 자기 생각에 빠져 있던 상태에서 새로운 세계가 열리는 것이다. 평소 내가 전혀 생각해보지 못한 개념을 알게 되고 자기 계발서를 보기 전에 전혀 없었던 새로운 욕구가 생긴다. 자아실현에 대한 강한 의지가 생긴다. 세상을 살면서 무엇이 가장 중요하고 무엇을 하면서 살아야 하는지 먼저 그렇게 산 작가나 책의 주인공을 보면서 배우게 된다. 그래서 나는 자기 계발서를 좋아한다.

나는 요즘 나폴레온 힐의 《나폴레온 힐 성공의 법칙》을 읽고 있다. 읽기 시작한지 삼일정도 되었다. 이제 막 읽기 시작했다고 할 수 있다. 아주 기대가 된다. 이 책은 필리핀 세부에 가져온 몇 권의 책 중에서 가장 기대와 설렘을 나에게 준책이다. 페이지도 782페이지까지 있다. 아주 두껍다. 나는 두꺼워서 더욱 마음에 들고 좋다. 난 현재 아이들 둘과 함께 세부살이를 하고 있다. 필리핀 세부에서 한국 책을 사기가 쉽지 않은 상황이라 두꺼운 《나폴레온 힐 성공의 법칙》이 더 반갑고 사랑스럽기까지 하다. 이 책을 진작부터 알고 있었지만 한국에 있었을 때는 너무 두꺼워 부담스러웠었다. 같은 책인데, 나의 상황이 바뀌니 그 책이 더욱 좋아진다. 새벽에 일어나 매일 조금씩 아껴가면서 읽고 있다. 중학교 때 순정만화에 푹 빠져 아껴가면서 순정만화를 봤던 기억이 난다. 그런 마음으로 읽고 있다.

《나폴레온 힐 성공의 법칙》을 읽기 전에는 네빌 고다드의 《믿음으로 걸어라》 책을 새벽에 읽었다. 《나폴레온 힐 성공의 법칙》은 읽은 지 3일정도 되었다고 앞에서 이야기했다. 그 전에 읽은 《믿음으로 걸어라》는 아주 오랫동안 읽었다. 새벽에 일어나서 기본적인 워밍업 작업, 의례적인 활동을 마치고 나면 그 책을 읽었다. 네빌 고다드의 책의 가장 핵심은 '상상한대로 현실이 된다.'는 것이다. 나의 의식이 곧 현실이다, 라고 말하고 있다. 내가 이루고 싶은 꿈이나 목표, 소망이 있다면 그것의 달성을 위해 노력만 열심히 하는 것이 아니라 의식을 달성된 꿈, 목표, 소망에 먼저 갖다 두어야 현실이 된다고 한다. 이 책은 노력보다 중요한 것이 의식이라고 주장하고 있다. 노력에 관해서는 노력하지 않아도 된다고까지 이야기한다. 의식만 꿈, 소망, 목표가 이루어진 상황에 놓여있으면 나의 무의식이 작동하여 의식보다 거대한 무의식이 그것을 현실로 나타나도록 움직인다는 것이다. 결과는 자연스러움으로 꿈, 소망, 목표를 이룬다. 자기계발서는 새벽에 읽기에 더욱 좋다. 특히 낮에 읽기 어려운 의식관련 자기계발서는 더욱 읽기 좋다. 아주 집중해서 읽게 되고 읽은 만큼 서서히 변화되는 자신을 느끼게 된다.

새벽에 자기 계발서를 읽어야 하는 이유가 여러 가지 있다. 새벽에 일어나면 운동을 하는 사람, 신문을 보는 사람, 산책을 하는 사람, 기타 등 자신의 취향에 따라 새벽 시간을 보낸다. 인생에서 좋은 효과를 나타낼 것이다. 하지만 나는 말하고 싶다. 값진 인생, 성공적인 인생을 위해 강력한 힘을 발휘하는 활동은 독서이다, 라고 강조한다. 독서를 통해 다른 사람의 생각, 지식, 아이디어, 노하우를 배울 수 있다. 그 어떤 유명한 대학에서도 다루지 않는 다양한 주제들을 접할 수 있다. 그런 정보와 깨달음을 통해 나의 인생은 비범하게 변화될 수밖에 없다. 운동을 안 하는 사람도 운동을 하게 되고, 산책도 하게 되고 여행도 도전하고, 글도 쓰게 되고, 책도 쓰게 된다. 무수한 변화들이 책을 통한 깨달음으로 일어난다. 새벽독서는 집중력이 강한 독서이기 때문에 바로 삶의 변화로 이어진다.

새벽에 일어나서 독서를 하지 않을 경우 그 만큼 기회를 놓치게 된다. 만약 운동만 한다고 가정해보자. 운동을 할 경우 운동영역에 대한 깨달음에 국한될 수 있다. 물론 아닐 수도 있지만 대체로 운동에만 집중하게 된다. 발전의 가능성이 독서보다 넓지 않다. 운동의 발전은 계속 일어나겠지만 삶의 다른 분

야에로의 발전 가능성이 많지 않다. 하지만 새벽에 독서를 한다고 생각해보자. 책에는 다양한 주제가 있다. 운동뿐 아니라 삶의 중요한 주제들이 많다. 없는 것이 없다고 할 수 있다. 그러므로 운동만 하는 것보다 다양한 주제를 새벽에 집중력 있게 접하게 된다는 것이다. 그러므로 낮에는 생각하지 않던 다양한 주제에 대한 생각과 깨달음을 가지게 된다. 새벽의 깨달음은 낮의 도전으로 이어진다. 새벽 매일 읽는 독서로 낮의 도전으로 이어지고 그것은 인생의 도전과 연결되어 도전하는 삶을 살게 된다. 도전하는 삶은 당연히 또한 새로운 것을 깨닫고 얻게 되는 삶이 되어 삶이 비범해지면서 더욱 풍성해지게 된다.

책이 다루지 않는 주제는 없다. 다양한 세상살이, 삶을 책을 통해서 읽을 수 있다. 그렇기 때문에 고민되는 다양한 문제가 있을 때 책에서 답을 찾을 수 있다. 책의 주제는 세상살이 문제 이상으로 많기 때문이다.

그러므로 새벽에 책을 읽어야 한다. 책 중에서도 자기 계발서를 읽어야 한다. 자기계발서는 어떤 책보다 삶을 변화시키는 강력한 도구이기 때문이다. 행복한 삶, 성공적인 삶, 가치 있는 삶을 위해 자기 계발서를 강력하게 추천하고 싶다. 특히 새벽에 읽는 자기계발서는 모든 독서가 그렇듯이 집중이 잘 되어 깊은 깨달음이 찾아온다. 깊은 깨달음은 삶의 적용으로 이어진다.

나는 새벽에 자기 계발서를 읽으면서 블로그 포스팅을 한다. 《믿음으로 걸어라》, 《나폴레온힐 성공의 법칙》을 읽고 포스팅을 한다. 포스팅하는 부분은 내가 감명 받은 부분이나 내가 꼭 기억해야할 것, 나의 삶으로 끌여 들여야 할 부분이고 이웃과 공유하고 싶은 부분이다. 눈으로 보고, 뇌로 읽으면서 손으로도 쓰는 작업이 포스팅 작업이다. 이렇게 되면 다양한 방법으로 뇌에 입력하게 된다. 장기기억으로 만들기 위한 확실한 방법이다. 여러 감각을 이용하여 공부를 하면 공부가 잘되는 것과 같은 효과가 나타난다. 어릴 때 공부할 때 백지에 연필로 쓰면서 공부했는 기억이 날 것이다. 그 종이가 까만색이 되도록 손을 움직였다. 앞을 보고 손은 쓰면서 입으로는 그것을 말하면서 외운 기억이 생생히 난다. 그 정도까지는 아닐지라도 자기 계발서를 읽고 블로그 포스팅을 하는 것은 비슷한 효과가 나타난다.

자기 계발서를 읽고 블로그 포스팅을 하면 좋은 점이 또 있다. 다른 사람에게도 정보공유가 된다는 것이다. 좋은 문구나 유익한 정보, 나의 깨달음을 함께 공유하면서 다른 사람에게도 변화의 기회를 제공한다. 함께 변화될 수 있다. 물론 자신의 변화에도 도움이 됨은 말할 것도 없다. 그래서 새벽에 자기 계발서를 읽되 블로그 포스팅도 함께 함을 권한다.

새벽에 일어나서 가장 중요한 활동은 책을 읽는 것이다. 책을 통해서 수많은 주제를 접하게 되고 그만큼 나의 삶에 유익한 아이디어들을 만들어 낼 수 있기 때문이다. 직접 시간을 내서 다른 장소로 이동하지 않고도 전문가의 경험과 노하우를 나의 것으로 만들 수 있다. 특히 새벽은 무한한 잠재능력이 발휘되는 시간이라 독서에 있어서도 수준 높은 독서가 가능하다. 삶의 적용으로 바로 이어지는 독서가 된다. 낮에는 그렇게 하려고 노력해도 잘 안 되는 독서 후 기억과 독서 후 삶의 적용이 동시에 이루어지는 독서가 바로 새벽독서이다. 특히 자기계발서 읽는 것은 삶에 직접적 변화에 영향을 미친다. 당신의 삶을 송두리째 바꿀 수도 있다. 인생 대변혁이 새벽 자기 계발서를 읽음으로써 일어날 수 있다. 새벽에 자기 계발서를 읽어라. 누가 무어라고 해도 자기계발서 읽는 것을 주저할 필요는 1도 없다.

읽고 쓰라

새벽에 일어나기가 너무나 힘들다. 하지만 어렵게 겨우 일어났다. 습관도 들였다. 그런 사람이 있는 반면에 새벽에 일어나는 시도 자체를 하지 않는 사람도 많다. 힘들게 직장 생활하는데 잠이라도 푹 자야지, 잠은 마지막 나의 보루이다. 이것만은 내 마음대로 할 거야, 라고 잠에 대한 애착과 집착을 부리는 사람이 의외로 많다. 하지만 그 고집스러움의 대가는 너무나 크다는 것을 알아야 한다. 단지 손실이라고 느끼지 못할 뿐 실제적으로 엄청난 기회를 놓치고 있는 것이다. 하루에 한 번밖에 없는, 하루 중 가장 가치 있는 시간인 새벽을 건너뛰는 것은 인생 가장 큰 손실임을 알아야 한다.

새벽 기상 습관들이는데 까지는 성공했더라도 새벽에 하는 일이 중요하다. 어렵게 새벽 기상은 나의 삶이 되었지만 새벽의 가치를 100% 활용하지 못한다. 가장 중요한 일을 하는 것에 새벽 시간을 활용하는 것이 아니라 일반적 일들, 집중하지 않아도 해결할 수 있는 일들을 새벽 시간에 한다. 가치 있게, 인생의 획기적 계기로 사용할 수 있는 기회를 그냥 버리는 것과 같다. 사실 일찍 일어나는 것 자체만으로도 만족스러워 할 수 있다. 하지만 나의 인생 목표와 관련된 핵심적인 일들을 한다면 새벽은 우리의 삶에서 더 없는 황금 알을 낳는 시간이 될 수 있다. 어떤 인생 목표를 가졌다 하더라도 정보와 지식이 필요하다. 그렇기에 새벽 시간 읽고 쓰는 것만큼 값진 것도 없을 것이다.

새벽에 일어나 읽고 쓰기를 권한다. 읽고 쓰기는 새벽에 하기에 가장 적절한 활동이다. 읽고 쓰는 활동은 뇌를 가장 많이 활용하는 활동이기 때문에 가장 뇌 활동성이 좋은 새벽이 적합하다고 할 수 있다. 새벽에 읽고 쓰면 가장 실한 결실이 맺을 수 있다. 그 어떤 활동보다 인생에 유익하다. 새벽에 읽고 쓰는 활동이 어떤 활동보다 가장 인생에 도움이 된다는 것을 경험상 알게 되었다. 나의 본격적인 독서는 지금으로부터 5년 전이고 새벽독서를 하기 시작한 것은 독서를 시작한 1년 후부터이다. 처음에는 새벽 시간에 읽는 것에 열중한 나는 《하루 한권 독서법》원고를 쓰기 시작한 2017년 12월부터 새벽에 쓰기도 병행했다. 5년 이상 새벽에 일어나서 읽고 쓰는 활동 자체가 나를 어떻게 변화시켰는지 조용히 눈을 감고 생각해보았다.

첫째, 독서라면 어느 누구보다 자신 있다, 라고 할 수 있는 수준에 이르렀다. 독서도 진화한다. 처음 독서를 시작할 때만 해도 단지 육아에 대한 정보를 얻기 위해 노력했다. 오로지 그것이 나의 책 읽는 유일한 목적이었다. 아는 사람도 없고, 나이 또한 많은 내가 아이를 잘 키우기 위해 선택할 수 있는 가장 현명하고 쉬운 방법이 독서였다. 모르는 것을 알게 되니 독서가 가족보다도 남편보다도 유익했다. 육아의 힘듦에 대한 위안까지 얻었다. 그렇게 책으로부터 육아법도 알게 되고 정서적 지지도 얻게 되면서 나는 점점 독서의 깊은 세계로 들어갔다. 읽는 분야도 육아에서부터 교육, 뇌, 습관 등 다양한 주제로 확장되었다. 주제가 확장되면서 독서법 자체에 대한 고민을 시작하게 되었다.

하루 한권 독서법이란 방법을 개발하면서 직접 나 스스로 실험했다. 그렇게 매일 새벽을 이용하여 집중적으로 읽으면서 독서에 대한 다양한 문제들을 고민하고 연구하게 되었다. 가장 고민스러운 부분은 사람들이 책을 많이 읽지 않는다는 것이다. 그래서 어떻게 사람들이 책을 쉽게 접하고 읽게 할지 지금까지 많이 고민하고 있다. 책을 만만하고 쉽게 접할 수 있는 방법은 역설적으로 하루 한 권 독서를 하는 것이란 확신을 가지게 되었다. 사람들이 책을 읽지 않는 이유는 책에 대한 부담 때문인데 쉽고 만만하게 핵심 위주로 읽는 하루한권독서법이 그 부담감을 해결해 줄 수 있다. 새벽독서를 통해 독서수준의 빠른 진보를 보였다. 새벽독서가 낮의 독서에 비해 집중과 몰입이 잘되기 때문에 당연한 결과이다.

둘째, 책을 출간해야겠다고 결심하게 되었다. 책을 출간해야겠다는 생각은 대부분의 사람들의 버킷리스트이다. 즉, 누구나 자기 이름 석 자 박힌 책 한권을 쓰고 싶어 한다. 하지만 난 아니 였다. 책을 쓰고 싶다는 생각자체를 하지 않았다. 이런 생각을 하게 된 계기는 새벽독서이다. 새벽독서를 통해 책으로부터 자극을 많이 받았다. 책도 어떻게 읽느냐에 따라 많이 다르다. 장소, 시간에 따라 책의 내용에 대해 느끼는 감정이 다르다. 똑같은 문장이라도 다르다. 깨달음도 다르다. 조용하고 전혀 방해가 없는 새벽 시간의 독서는 문구 하나하나가 특별한 의미로 다가온다. 특별한 의미는 나의 두뇌에 박히고 그것은 나의 새로운 결심으로 발전한다. 책 출간에 대한 결심도 이런 차원에서 자연스럽게 나온 결과이다. 새벽독서로 사고의 변화 행동의 변화가 빠르게 온다.

새로운 도전도 이어진다.

셋째, 책을 출간했다.

새벽독서를 통해 진정성 있게 책을 받아들인다. 책의 가치와 위력에 대해서 공감하게 된다. 책을 통해서 절실히 필요한 많은 정보를 얻고 마음의 위안까지 얻으면서 책에 감사한 마음을 가지게 된다. 내가 받은 고마움 다시 되돌려주는 것이 자연스러운 이치. 나는 책을 출간 하자, 라고 생각하게 된다. 하지만 처음 하는 책 쓰기이기에 쉽지 않다. 그래서 전문가의 도움이 필요하다. 비록 비용이 들더라도 돈과 시간을 바꾼다. 그리고 나에게 도움을 준 책을 나도 만들기 시작했다. 방법을 직접 듣고 현실감 있게 알게 되니, 책 쓰는 것도 수월하다. 새벽에 일어나 꼭지 글을 쓴다. 새벽의 가치를 알고 새벽을 활용했기에 다른 사람보다 초고 쓰는 진도도 빠르다. 그렇게 한 달 만에 초고를 완성하고 《하루 한권 독서법》이 나왔다. 정말 새벽독서가 없었다면 책을 써야 겠다, 라고 까지 생각하지 못했고 그런 생각이 없다면 지금의 《하루 한권 독서법》은 없었을 것이다. 작가로서의 현재 나도 없었을 것이다. 새벽독서 정말 내 인생에서 가장 잘 한 일중 하나라고 말할 수 있다. 새벽에 일어났어도 독서하지 않았다면 어땠을까?, 그렇게 생각하는 것만으로도 아찔하다. 그래서 나는 항상 새벽에 일어나서 운동도 좋지만 가장 중요한 활동은 인생 혁신의 씨앗이자 마중물은 독서라고 주장하고 있다.

넷째, 작가가 되어 계속 책 쓰는 인생을 산다. 지금은 작가가 되었다. 《하루 한권 독서법》 저자이니 작가이다. 아직 작가라는 명칭이 익숙하지 않지만 분명 난 책 한권을 낸 작가이다. 그리고 지금 두 번째 초고에 이어 세 번째 초고를 쓰는 중이다. 지금 쓰고 있는 이 원고가 세 번째 초고이다. 나는 필리핀 세부에 도착하자마자 쓰기 시작했다. 현재 세부 살이 하면서 나는 책쓰기에 모든 시간을 할애하고 있다. 목차를 만들고 초고를 쓰면서 오로지 책만 쓰는 시간을 보내고 있다. 세부에서 쓰는 원고는 빠르게 집중적으로 쓴다. 첫 번째 책에 비해 나의 경험과 지식, 노하우 위주로 풀어가고 있다. 두 번째 주제는 책 쓰기이다. 이것은 《하루 한권 독서법》을 어떻게 썼는지 생생한 체험과 한 달 만에 초고완성한 방법과 노하우를 썼다. 세 번째 초고인 이것은 내가 사랑하고 매일 설렘으로 기다리는 새벽에 대한 이야기이다. 실제 새벽 기상과 새벽 독서가 나의 인생에 어떤 변화를 안겨다 주었는지, 또한 어떻게 새벽습관을 들이게 되었는지, 다양한 나의 실제 경험위주로 쓰고 있다. 책을 쓰기를 원하는 사람과 새벽 기상을 하고 새벽독서로 삶의 대변혁을 원하는 사람이 내 책을 읽고 도움이 된다면 보람을 느낄 수 있다는 생각으로 쓰고 있다.

다섯째, 메신저가 되었다. 작가가 된 이후에 나는 메신저가 되었다. 모든 작가는 메신저라고 할 수 있다. 강연, 컨설팅, 코칭까지 할 경우 정말 제대로 된 메신저가 되는 것이다. 메신저란 자신의 경험과 지식, 노하우를 전해서 사람들을 동기부여하고 그들의 삶이 긍정적으로 변화 될 수 있도록 도와주고 대가를 받는 사람이다. 브렌든 버처드의 《메신저가 되라》라는 책에 메신저가 어떻게 되며, 무엇을 하며 어떻게 사람들에게 동기부여를 하는지 자세히 나와 있다. 최근 《백만장자 메신저》로 개편되어 나왔다. 지금 세부에서 나는 책을 계속 쓰고 있다. 하나의 초고를 쓰면서 다음 쓸 주제를 정한다. 다음 쓸 주제가 자연스럽게 생각이 난다.

다음 쓸 주제는 현재 내가 있는 이곳, 필리핀 세부에 대한 이야기이다. 현재 나는 아이 둘과 함께 세부 살이를 하고 있는데 그것에 대한 나의 경험이야기이다. 세부에 오기 전 한국에서부터의 준비와 세부 입국하고 빌리지 들어온

이야기, 아이들 학교에 입학하고, 이곳에서 중고차 사는 이야기, 가정교사 활용 영어공부하기 등등 세부에 관심 있는 사람이 세부에 들어와서 정착해서 6개월 살이, 1년 살이, 2년 살이를 할 수 있도록 시리즈별로 세부 이야기를 써볼까 생각 중에 있다. 메신저가 되는 방법 중 나의 경험에 대한 메신저가 되는 것이다. 세부에 세부에 6개월 예정으로 왔지만 1년이 넘었다. 세부 있는 동안 책을 여러 권 쓰고 한국에 가서는 나의 책을 바탕으로 직접 독자들을 만나면서 나의 이야기를 전하는 메신저가 되는 것이다.

　새벽에 읽고 쓰지 않았다면 앞의 다섯 가지 중 어느 한 가지도 얻지 못했을 것이다. 이런 소득은 새벽에 일어나서 독서를 하고 1년 동안 쓰기를 병행했기 때문에 가능했다. 다섯 가지는 연쇄적인 획득이다. 새벽 독서를 했기에 독서의 수준이 높아졌고 독서의 수준이 높아졌기 때문에 책 쓰기 결심을 하면서 책을 쓰게 되었다. 책을 쓴 이후에는 계속 글을 쓰는 삶을 살게 되고 메신저의 삶을 살게 되었다. 모든 것의 시작은 새벽에 일어나서 읽었기 때문에 가능했다. 이제 쓰는 것 까지 자연스럽게 하고 있다. 새벽에 일어나는 이유는 읽고 쓰기 위해서이다. 읽은 만큼 나는 변화된다. 그럴 수밖에 없는 것이 작가나 책 속 수많은 유명인들로 부터 많은 깨달음이라는 자극을 받기 때문이다. 이 곳 세부에 아이 둘 데리고 올 수 있었던 것도 자기 계발서를 읽으면서 도전에 대한 용기를 얻었기 때문에 가능했다. 그런 것처럼 새벽독서를 통해 끊임없이 도전하고 변화하며 인생 대변혁을 이루어나간다. 새벽에 읽고 쓰자. 새벽에 읽고 쓰면서 나의 무한한 잠재능력을 최대한 발휘하자. 당신은 무한한 가능성을 가지고 있다. 단지 인지를 못하고 있을 뿐이다. 새벽에 일어나 읽고 쓰면서 당신의 무한한 가능성을 깨우자. 10분도 좋고 30분도 좋다. 새벽에 일어났다면, 읽고 쓰는 것 잊지 말자.

새벽에 너무 많은 일을 하지 마라

나는 연간 독서 목표량을 정했었다. 본격적으로 책을 읽기 시작한 계기는 육아이다. 육아서를 읽기 시작한 후 1년 정도 지났을 때 나는 연간 독서목표권수를 정했다. 한비야가 고등학교 때 사서 선생님의 영향으로 연간 100권의 목표를 세웠다고 했다. 한비야는 고등학교 때부터 현재 까지 연간 100권 목표로 읽고 있다고 한다. 나도 연간 100권의 목표를 세웠다. 1년 52주이니, 1주일에 2권정도 읽으면 대략 100권정도 된다. 간혹 사람들 중에는 책의 권수는 중요하지 않다고 했지만 막상 해보면 의외의 효과를 얻을 수 있다. 아니 많은 긍정적 효과가 있다. 특히 독서 중급 수준이상으로 독서 수준을 올리고 싶은 사람일 경우 연간 독서 목표를 세워 집중적으로 읽기를 권하고 싶다.

독서방법에 대한 문제의식을 갖게 되었다. 연간 100권의 독서 목표를 세우고 열심히 읽을 때 독서법에 대한 문제의식을 갖게 되었다. 보통 사람들이 읽는 방법, 그대로 나도 읽었다. 보통 책을 읽는다고 하면 한 자도 빼지 않고 읽는 방법이다. 학창시절 공부할 때 책 읽는 방법대로 읽는다. 목표와 방법은 같이 움직인다. 목표가 다르면 방법도 달라진다. 학창시절 읽는 법이 시험을 잘 보기 위해 읽는 방법이라면 평상시 읽는 것은 시험을 위한 것이 아니다. 책을 통해서 정보를 얻고 작가들의 경험과 노하우를 엿보고 참고로 하기 위해서이다. 책을 보고 테스트를 받는 것이 아니다. 읽고 잊어버릴 수도 있고, 어떤 내용은 나의 마음에 깊게 박힐 수도 있고, 다 의미가 있는 것이다. 시험 보듯이 한 자도 빠트리지 않고 읽는 독서법이 체화되어 일반 책도 그렇게 읽는 것이 가장 큰 독서법의 문제라는 것을 인지하게 되었다.

"연간 100권, 1주일에 2권, 직장 생활하면서 도저히 불가능해."

라고 말하는 사람들의 책 읽는 방법은 보지 않아도 100% 학창시절 읽는 방법이다. 그렇다면 책은 꼭 그렇게 읽어야 할까? 아니다. 세상에 책은 많고 읽을 것은 끝이 없다. 지금 이 순간에도 정말 가치 있는 책들은 계속 출간되고 있다. 한 책에 너무 많은 것을 얻으려고 하지 않아도 된다. 한 책에 한 가지라도 제대로 얻으면 그 책은 제대로 읽은 것이 된다. 때론 책의 모든 부분이 깨알 같은 가치들로 가득차서 하나도 버릴 것이 없고 다 나의 것으로 흡수하고 재창조하고 싶다고 판단했다면 또한 그렇게 읽으면 된다. 책에 따라 방법을 달리하면 된다. 두 가지 방법을 동시에 사용하는 것이 가장 좋다. 어떤 책은 후루룩 1시간 이내, 2시간 이내로 읽고 어떤 책은 매일 시간을 정해서 꼼꼼하게 읽는다.

한 책에서 모든 내용을 다 읽는 다고 생각하지 말자. 제목과 목차를 보고 소제목을 읽으면서 특히 나의 상황에 요긴한 주제 중심으로 읽어도 된다. 이렇게 자신에게 유용한 내용 위주로 자신 삶에 적용할 가치가 있는 소제목 위주로 읽어야 한다. 너무 많은 내용을 한자도 빠짐없이 읽는 방법은 오히려 나에게 독이 된다. 나에게 값진 부분을 얻지 못하게 될 수도 있다. 한자도 빠짐없이 읽는데 에너지를 쏟기보다 흐름을 타고 나에게 유용한 부분을 읽는다는 생각으로 책은 읽어야 한다. 그래야 연간 100권의 목표 달성은 물론 나의 삶에 도움이 되고 새로운 뭔가를 재창조하는 읽기가 되는 것이다. 책 읽을 때도 선택과 집중이 필요하다고 할 수 있다. 이런 방법으로 읽는 것이 하루 한 권 독서법이다.

새벽에 하는 활동도 이와 마찬가지이다. 하루 한 권 독서법의 원리가 적용된다. 내가 읽는 1권의 책이 나에게 값진 1권이 되기 위해서는 한자도 빠짐없이 다 읽는데 집중하면 안 된다. 다 읽는데 에너지를 쏟다 보니 핵심을 놓치게 된다. 그것처럼 새벽에 어렵게 일어나서 너무 많은 일을 하려 하면 값진 새벽이 안 된다. 귀한 새벽 시간이 흐지부지 의미 없이 버려지게 된다. 내 인생에 내 삶에 꼭 유용한 핵심적인 활동 1개와 부차적인 활동 2개 전후로 하는 것이 가장 좋다. 핵심활동과 부차적 핵심활동으로 수준의 차이를 두고 해야 할 활동을 정하는 것이 유용하다.

새벽 기상 초창기에는 나에게 꼭 필요한 핵심활동으로 이 원칙대로 잘 진행되었다. 새벽 기상을 처음 할 때 내가 한 활동은 수영과 독서였다. 수영은 새벽에 일어나는 습관을 기르기 위한 하나의 방편이었다. 독서는 원래 새벽에 일어나려는 근본 이유였다. 새벽 수영은 매일 가는 것이 아니었다. 수영 가는 날은 일어나자마자 바로 수영을 가고 수영 안 가는 날에는 그 시간에 일어나 독서를 했다. 오로지 책만 읽었다. 다른 일은 아예 할 생각도 하지 않았다. 책만 읽는 그 시간이 너무나 행복했다. 책만 읽으니 다른 일을 해야 한다는 강박관 념도 생기지 않았다. 오늘 읽고 싶은 책을 새벽에 주어진 시간만큼 읽으면 되었다.

새벽 활동이 단순했을 때 새벽이 더욱 기다려진다. 새벽에 독서만 하기 때문에 독서에 더욱 집중할 수 있다. 책 읽는 맛에 완전 빠져든다. 독서는 정말 유익하다. 새로운 자극을 매일 받는다. 책을 읽으면서 나의 뇌는 긍정적인 깨달음으로 매일 성장하고 변화된다. 새벽에는 집중이 잘 되기 때문에 성장 속도가 빠르다. 의식수준이 높아지고 독서하기전과 다른 생각들을 하게 되면서 새로운 일에도 도전하게 된다. 책에서 동기부여 받고 새로운 일은 시작하면서 나의 삶은 변화되어간다. 독서로 나에게 많은 것들이 들어오고 그것이 다시 삶에 적용되는 선순환이 계속 일어났다.

최근에는 새벽에 일어나서 하는 일들이 많아졌다. 《하루 한권 독서법》 출간 후 책 쓰기가 한 가지 더 추가되었다. 읽고 쓰는 삶이 된 것이다. 첫 책이 시발점이 되어 계속 책 쓰는 작가의 삶이 되었다. 쓰는 것은 읽는 것과 마찬가지로 나의 인생에서 가장 중요한 일이 되었다. 거기에다가 간단한 활동을 추가했다. 왜냐하면 매일 일어나는 새벽 시간에 인생 긍정적인 간단한 활동을 매일 하는 것은 나의 삶을 변화시킬 수 있기 때문이다. 짧게 하는 활동도 빠지지 않고 매일 하다보면 습관으로 자리를 잡을 뿐 아니라 삶에 긍정적인 결과를 안겨다 준다. 이 활동은 주로 본격적인 읽기와 쓰기를 하기 전에 30분 이내로 한다. 바닥을 쓸고 운동을 하며 집안에 키우는 식물에 물을 주듯 불쌍한 길고 양이들에게 먹이를 챙겨준다.

이렇게 하는 일이 늘어나니 집중력이 떨어진다. 한 가지만 할 때보다 떨어진다. 책만 읽던 때와 핵심활동과 부차적 핵심활동으로 나누어서 여러 가지 일을 할 때는 차이가 있다. 사실 새벽 일어나자마자 하는 첫 활동이 가장 집중이 잘된다. 체험을 통해서 알게 되었다. 그래서 나는 새벽 첫 활동에 큰 가치를 두었다. 하지만 현재 일어나자마자 읽고 쓰는 것이 아니라 부차적 핵심활동을 먼저 한다. 즉, 청소하고 체조하고 길고양이 챙기는 일이다. 이러다 보니 정작 중요한 읽고 쓰는 활동 집중이 다소 떨어지는 경향이 있다. 그 전날 설렘의 감정도 떨어진다. 나만의 비밀을 가진 듯이 새벽을 기다리고 기다리는 전 날 심정이 조금은 덜해진다고 볼 수 있다.

새벽에 너무 많은 일을 하는 것은 자제해야 한다. 내 인생에 가장 중요한 활동 한두가지에 집중해서 하면 가장 좋다. 나의 인생 목표와 관련된 활동을 정하면 된다. 사실 욕심을 내려놓기가 쉽지 않다. 1권의 책을 읽을 때도 한 자라도 빠뜨리지 않으려고 하는 것은 욕심이 있기 때문이다. 물론 습관이 가장 큰 이유라고 할 수 있지만 은근히 발동하는 욕심도 무시할 수 없는 것이다. 욕심이 과하면 해가 되듯이 한권의 책에 한두가지 나에게 유용한 내용을 얻겠다고 생각하면 가장 좋다. 새벽 활동도 그런 생각으로 한두가지 일에만 집중하면 오래 꾸준히 효과적으로 새벽 시간 활용할 수 있다. 만약 나처럼 여러 가지 활동을 하게 된다면 순서를 잘 정하는 것이 필요하다. 새벽 시간도 기상 직후의 시간이 가장 집중이 잘된다. 그래서 기상 직후 활동에 내 인생 가장 중요한 활동을 해라. 부수적 활동 같은 경우 핵심활동 이후의 시간으로 순서를 그렇게 정하는 것이 필요하다. 한 가지 염려스러운 부분은 새벽에 처음 하는 활동을 아침이 될 때까지 계속 하려는 경향이 있다는 것이다 그렇기 때문에 적당히 시간분배와 조절을 잘하면 계획한 활동을 무난히 할 수 있을 것이다.

나는 새벽 시간이 하루 중 가장 바쁘다. 왜냐하면 그 시간이 하루 중 가장 질적인 가치가 있는 시간이기에 될 수 있으면 최대한 활용하려고 한다. 인생에서 가장 중요한 활동, 즉 읽고 쓰는 것은 기본이고 그 외 은행의 복리효과와 같은 효과를 얻을 수 있는 간단한 활동까지 하루의 가치 있는 활동을 이 시간에 다 한다. 하지만 너무 많은 활동은 새벽 시간을 망치게 할 수도 있다. 항상 내 인생 목표에 꼭 필요하고 적당한 활동으로 값진 새벽 시간 유용하게 사용하는 것이 중요하다. 새벽에 너무 많은 일을 지양하고 새벽 시간 내 인생 최고의 밑거름이 되도록 하자.

나의 인생 목표와 연결된 활동을 해라

직업이 인생 목표는 아니다. 하지만 대부분의 직장인들은 직업 자체가 인생 목표라고 생각한다. 사실 직업을 얻기까지에도 쉽지 않은 시련과 역경이 있었기에 그런 착각을 하는 것이 다. 하지만 직업은 직업일 뿐이다. 인생 목표라고 한다면 진정 자신이 하고 싶은 일, 되고 싶은 일이라고 정의내릴 수 있겠다. 직장을 다니면서도 진정 하고 싶은 인생 목표를 가질 수 있다. 아니 오히려 직장인일수록 내가 하고 싶고 되고 싶은 인생 목표가 더 필요하다.

나는 현재 보건교사라는 직업을 가지고 있다. 이 직업을 얻기 위해 노력한 것들을 생각해보았다. 대학을 나와야 하고 대학 졸업이 다가올 때쯤 간호사 국가고시 면허시험을 봐야 한다. 대학 성적도 챙기면서 국가고시 시험도 준비해야 한다. '이중고'라는 말이 딱 맞다. 지금은 시간이 많이 흘러 그 때 상황들의 기억이 가물거리지만, 그래도 심리적으로 많이 압박을 받은 느낌은 가지고 있다. 나라의 지원을 받아 공부한 덕으로 4년간 많은 지식과 경험을 쌓을 수 있었지만, 국가고시시험에 떨어지면 졸업이 안 된다. 위계질서가 철저한 학교였기에 정말 상상만 해도 끔찍한 일이다.

30대 초반쯤 나는 보건교사가 되기 위해 임용고시를 다시 봤다. 20대에 재수, 20대 중반쯤 간호사 국가고시 시험, 그리고 3번째 내 인생 최고의 시험인 임용고시를 치렀다. 말로만 듣던 임용고시, 1년간의 공부기간이 장난 아니었다. 처음에 노량진 학원가를 찾았다. 전철에서 아침마다 쏟아져 내리는 학생들 틈바구니에 나도 끼어 한 동안 그 생활을 했다. 각종 국가고시 시험을 준비하는 학생들이 차고 넘쳤다. 보건교사 임용고시를 준비하는 학생들도 많았다.

나는 운 좋게 임용고시를 합격했다. 합격할 당시를 생각하면 지금도 가슴 떨린다. 1점이라도 더 따기 위해 요리학원까지 다녔다. 임용고시에는 국가고시 자격증이 있을 경우 가산점이 있었는데 그것을 획득하기 위함이었다. 국가고시 중에서 그래도 내가 할 수 있는 한식 조리사 자격증에 도전을 한 것이다. 그것도 시간이 넉넉하지 않아 9월쯤 등록해서 1차에 무조건 합격한다는 각오로 시작했다. 임용고시가 11월이니, 거의 2달 전에 요리학원을 등록한 것이다. 지금 생각하면 간절함이 없었다면 등록자체를 하지 않았을 것이다. 정말 간절했기에 가정주부 경력 10년이 되어도 실기에서 떨어져 따기 어렵다는 한식조리사 시험에 도전이 가능했다. 한식조리사 자격증 도전은 임용고시 합격을 위한 하나의 과정이었다.

임용고시 시험 공부하다가 요리학원 3시간 실습수업을 들었다. 요리학원은 요리를 하는 시간이 필요하기 때문에 기본이 3시간 수업이다. 오전에 공부하고 저녁때쯤 되어서 학원을 갔다. 학원에서 앞치마 두르고 파를 다듬고, 밀가루를 반죽하고, 소고기 육수를 낸다. 임용고시 시험공부하면서 요리학원까지 다닐 줄 몰랐다. 결국 운 좋게 1차에 한식조리사 자격증 취득하고 그 기운 받아 임용고시 시험까지 정말정말 어렵게 합격하게 되었다.

직업 자체를 얻는데도 이렇게 힘들기 때문에 직업이 인생 목표라는 착각을 하게 된다. 보건교사가 되기 위해 여러 번의 시험을 치러야 했었다. 시험을 치르는 그때마다 피가 마르는 것 같았다. 시험은 다 스트레스이다. 아주 사소한 시험도 쉽지 않다. 운전 면허증시험 조차도 떨어질 경우 좌절감과 다음에 또 해야 하는 부담감이 결코 작지 않다.

이렇게 힘들게 얻었다 하더라도 직업은 직업일 뿐이다. 직업자체가 나의 인생 목표가 되는 것은 아니다. 물론 처음부터 인생 목표의 한 부분으로 직업을 선택한 경우도 있지만 대부분 그렇지는 않다. 자신이 진정 하고 싶고, 되고 싶은 것이 무엇인지 곰곰이 생각해보는 시간을 가져보자. 현재 직업을 가졌든 안 가졌든 그것이 바로 인생 목표가 된다.

2018년 4월 25일은 나에게 뜻깊은 날이다. 내 인생 첫 책,《하루 한권 독서법》이 출간되어 세상에 나온 날이다. 이 날은 내 두뇌에 깊게 각인되었다. 4월 25일. 이 날을 계기로 나의 인생 목표가 뚜렷이 생겼다. 내가 하고 싶고 되고 싶은 일이 분명해졌다. 사람은 한 번 태어나면 저 세상으로 가게 마련이다. 살 날이 살아온 날보다 적은 이 시점에 겨우 인생 목표라는 것이 생겼다. 좀 늦은 감이 있을 수 있지만 그래도 나는 좋다. 내가 어떤 직업을 가지고 있던 그것은 중요하지 않다. 이제 내가 해야 할 일이 분명하게 생겼기 때문에 나는 그 일로 행복할 수 있다.

나의 인생 목표는 '메신저'로서 살면서 많은 사람들에게 긍정적인 영향을 미치는 것이다. '메신저', 자신의 지식과 경험, 노하우를 사람들에게 알려주고 그것의 대가를 받는 사람이다. 사람들에게 자신의 지식과 경험, 노하우를 알려줄 수 있는 방법은 책과 강의라고 할 수 있다. 이미 이런 삶을 사는 작가들은 많다. 책을 쓰는 사람은 이렇게 메신저가 될 수 있다. 물론 책만 쓰는 사람도 있고, 강의만 하는 사람도 있다. 하지만 이 두 가지를 같이 하는 것이 가장 자연스러운 순리가 될 것이다. 말하는 것과 기록하는 것은 같이 움직이기 때문이다. 쓰고 말하고, 말하고 쓰는 것은 진리이기에 결국 그 방향으로 가게 된다.

나는 메신저의 삶을 위해 새벽 시간을 활용한다. 새벽 시간은 가장 잘 집중할 수 있다. 또한 내부 에너지를 최대로 끌어 낼 수 있는 최고의 시간이다. 외적인 나의 모습이 아니고 타고난 내적인 나의 모습으로 완전히 돌아갈 수 있는 시간이다. 이 시간에 나는 책 쓰기를 한다. 1꼭지의 글을 완성한다. 또한 쓰기 전에 읽는다. 읽고 쓰는 일을 매일 한다. 이것이 메신저로서 나의 삶을 다지는 가장 기본적인 일이다. 기본적이면서 아주 중요한 일인 것이다. 읽고 쓰기, 이것으로 나는 매일 변화되고 매일 메신저라는 나의 인생 목표에 완벽히 다가가고 있다.

나의 인생 목표의 달성과 연결된 중요한 활동을 새벽에 해라. 새벽의 에너지를 활용해서 더욱 빠르게 인생 목표를 달성할 수 있기 때문이다. 내가 하고 싶고 되고 싶은 인생 목표를 정하는 것이 우선이다. 직업이 인생 목표가 될 수도 있지만 대부분은 아니다, 라고 할 수 있다. 직업 외에 내가 간절히 하고 싶은 것을 정해라. 그리고 그것을 달성하기 위해 가장 핵심적인 활동 한 가지를 정하자. 메신저가 되고 싶으면 책을 읽고, 책을 쓰며, 강연 연습을 하는 것이 되겠다. 해야 할 활동 너무 많이 정하지는 말자. 세가지라면 나의 여건에 맞추어 한 가지부터, 혹은 두가지부터 시작하자. 그것이 익숙해지면 세가지 활동마저 하는 것으로 하자. 매일 반복하는 것이 중요하다. 인생 목표를 위한 활동, 새벽에 매일 집중적으로 하는 것이 최고이다. 새벽과 인생 목표 달성 활동을 연결해 두면 인생 목표 달성은 시간문제이다. 위의 문구에서 나는 이 부분을 가슴에 새겨두고자 한다. 당신도 이 문구를 잊지 말자.

"원하기만 한다고 해서 목표가 이루어지는 것은 아니다. 행하기를 시작해야 한다."

새벽마다 간단한 운동해라

"돈을 잃으면 조금 잃는 것이요.

명예를 잃으면 반을 잃은 것이요.

건강을 잃으면 전부를 잃은 것이다."

이것은 건강의 중요성을 강조하는 명언이다. 건강을 잃으면 전부를 잃는 것과 같다는 의미로 건강이 가장 중요하다는 것을 말한다.

얼마 전, 영화배우 신성일이 사망했다. 한 시대를 풍미한 대 스타의 위력도 '폐암'이라는 질병에 속수무책으로 무너졌다. 물론 나이 많다하지만 그래도 폐암이 안 걸렸다면 더 오랫동안 건강하게 살았을 것이다. 병이 걸렸기 때문에 유명을 달리하게 된 것이다. 미리 폐암의 조짐을 알았다면 조심할 수 있었겠지만 암이란 것을 미리 알아채기는 쉽지가 않다. 특히 내부 장기에 있는 암은 더 알 수 없다. 증상이 나타날 정도이면 이미 많이 진행되어 거의 말기 상태 일경우가 많다.

현대의 병들은 주로 라이프스타일과 연관이 깊다. 생활 방식이 병과 깊은 관련이 있다는 것이다. 과거에는 세균이나 바이러스에 의한 질병이었다면 현대인은 생활습관으로 생긴 질병이 대부분이다. 생활습관을 건강하게 하는 것이 질병예방에 가장 중요하다고 할 수 있다. 생활 습관 병을 예방하기 위해 2가지로 생각할 수 있다. 건강한 생활습관을 가진다는 것과 나쁜 습관을 찾아내어 제거하는 것이다. 건강한 습관의 대부분을 차지하는 것은 운동, 건강한 영양섭취, 건강한 심리상태 주로 해당되겠다. 두 번째로 나쁜 습관을 없앤다고 하면 금연한다거나 알코올을 소량섭취하거나 금주, 밤늦은 취침자제, 아침 일찍 일어나기 등이 해당된다.

가끔 건강에 대해서 생각한다. 특히 대스타들이 질병으로 허망하게 생을 마치는 뉴스를 접할 때는 건강관리의 중요성은 스타도 예외가 아니다, 라고 생각을 한다. 나의 몸에 지금 병이 진행되고 있을 수도 있다. 가끔 그렇게도 생각을 해본다. 만약 이런 생각이 심해지면 이것 또한 문제이겠지만 자신의 건강에 너무 무관심한 것도 문제가 된다. 심리적으로 건강을 걱정하여 '건강염려증'이 걸리지는 말아야겠지만 그 반대로 건강에 너무 관심 없어서도 건강을 유지하기 어렵다.

나는 얼마나 건강하게 살고 있는가? 나의 라이프스타일은 건강한가? 건강하지 않은 라이프스타일은 어떤 부분인가? 이런 질문과 답으로 자신의 건강여부를 체크해보자. 간단한 운동이라도 습관을 들인다면 나의 건강을 챙길 수 있다. 그 간단한 운동을 새벽에 한다면, 빠지지 않고 일정하게 할 수 있고 평생 건강을 유지할 수 있다.

그리고 간단한 운동이 건강하게 사는데 많은 도움이 됨을 먼저 인지하고 새벽 기상한다면 일정한 시간, 새벽에 매일 실천함이 중요하다

나는 운동에 관심이 많다. 운동에 관심이 많은 만큼 신체적 건강에도 다른 사람보다 신경을 쓴다. 내가 이렇게 운동에 관심을 가지게 된 것은 초등학교 때 교내 배구선수를 하면서 부터이다. 초등4학년 때부터 학교 내 배구선수를 했다. 방과 후에는 아이들과 함께 배구연습을 했다. 배구는 단체운동이다. 골프나 수영처럼 혼자 하는 운동이 아니다. 나만 잘해서 되는 것이 아니라 서로 협조하고 원활하게 소통이 되어야 하는 운동이다. 그렇기 때문에 연습할 때부터 그런 협조와 의사소통이란 기능이 많이 요구된다. 우리는 그렇게 운동도 하고 서로 각자 특성을 받아들이며 친해졌다. 친해진 만큼 잊을 수 없는 추억을 갖게 되었다. 또한 운동의 가치들을 어린나이에 깨우쳤다. 어릴 때 교내 배구선수를 하면서 나는 운동의 중요성, 건강의 중요성을 그 누구보다 잘 알게 되었다. 그리고 협조와 긴밀한 의사소통이 서로간의 만족감과 행복감을 위해 아주 중요하고 필요한 부분이란 것도 덤으로 알게 되었다.

어릴 때 규칙적 운동은 평생 운동 습성을 길러주어 건강하게 한다. 나는 어릴 때 배구를 했기 때문 운동의 가치를 누구보다 잘 알게 되었다. 이른 나이에 운동의 유익성을 알게 된 것이다. 초등학교 때 운동 습관형성은 평생 운동 여부를 결정한다. 운동을 안 하는 날은 입에 가시가 돋는다, 라고 안 중근 의사의 명언을 활용해서 나는 자주 이야기하곤 했다. 그럴 정도로 나는 어릴 때부터 운동하는 것을 좋아했다. 운동을 할 때는 힘든 부분도 있지만, 적당한 강도의 운동으로 어릴 때부터 습관형성을 해두면 평생운동, 평생 건강에 긍정적인 효

과를 준다.

운동을 꾸준히 하고 싶다면 단순화해야 한다. 특별히 운동을 위해 시간 내지 않아도 될 정도로 심플해야 한다. 나한테 필요한 운동을 선택해서 짧게 단순화해서 만들어라. 현대인들은 너무나 바쁘다. 직장인들이 가장 많이 표현하는 것이, 바쁘다는 표현일 것이다. 여유가 없어 독서도 하기 어렵고, 여행도 가기 어렵고 오로지 직장생활만 해야 할까? 가끔 그런 생각도 들지만 어째든 우리는 꼭 챙겨야할 것은 아무리 바쁘더라도 챙기면서 살아야 한다. 건강은 아무리 바빠도 오히려 바쁘기에 건강을 더 챙겨야 한다. 건강을 놓치고서는 직장도 있을 수 없기 때문이다. 사람마다 나름의 건강관리법이 있겠지만 그래도 뭐니 뭐니 해도 운동이 가장 기본이다. 운동을 하는 것이 건강에 많은 영향을 미친다. 젊었을 때는 운동을 해도, 안 해도 변화를 잘 모른다. 운동을 안 해도 견딜 수 있지만 나이가 40대만 넘어도 운동을 하는 사람과 안 하는 사람은 차이가 많이 난다. 나이가 들수록 이렇게 중요해지는 운동을 장소 시간불문하고 꾸준히 하기 위해 아주 간단한 것으로 나의 상황에 맞게 다시 세팅한다.

평생 건강을 지킬 간단한 운동은 새벽에 해라. 운동을 하기 위한 시간을 찾아보았다. 언제 하는 것이 가장 좋을까? 가장 좋은 시간은 우선 꾸준히 활용하기에 좋은 시간이어야 한다. 만약 업무시간 중에 간단한 맨손체조를 한다고 생각해보자. 아무리 간단한 체조라고 해도 근무지이기 때문에 편안하지가 않다. 보건실이 따로 있는 나도 보건실에서 운동을 한다는 것이 쉽지 않다. 그럼 퇴근하고 하는 것은 가능할까? 그것도 쉽지 않다. 왜냐하면 퇴근 후에는 또 퇴근 후대로 일이 있거나 집에 왔더라도 피곤하기 때문에 운동보다는 쉬고 싶어진다. 가장 좋은 시간대는 새벽이란 것을 시행착오를 겪으면서 알게 된다. 새벽에는 마음도 편안하고 여유롭게 얼마든지 시간조절을 하면서 운동을 할 수 있다. 간단한 운동이기에 새벽잠을 깨우는 역할도 함께하여 일거양득이다.

　새벽에 간단한 운동을 하면 꾸준히 하게 된다. 나는 새벽에 일어나서 간단한 운동은 15분 이내로 충분히 가능하다. 이것은 본격적인 일을 시작하기 전의 과정이다. 간단한 의례절차는 15분 이내로 충분히 가능하다. 매일 새벽 15분 투자로 새벽잠도 깨고 평생 건강에 좋은 영향을 끼칠 운동도 한다. 새벽의 주 활동은 나의 인생에서 가장 가치 있고 중요한 일이다. 나 같은 경우는 책 읽고 꼭지 글 쓰는 일이다. 그 일을 하기 전에 나는 간단한 세가지 일을 한다. 새벽의 주 활동인 책 읽고 꼭지 글 쓰는 것이 인생 목표와 연관이 있는 활동이라고 한다면, 맨손체조와 같은 간단한 운동은 평생 건강과 연관이 있다. 매일 15분의 시간을 투자해서 건강을 유지하는 것이다. 아무리 성공해도 건강을 잃으면 다 잃는다고 했다. 건강이 바탕이 깔려 있어야 성공도 의미가 있다.

　새벽에 일어나 단순화한 운동을 매일 하는 것은 복리적금을 넣는 것과 같다. 간단하게 단순화된 운동으로 나의 평생 건강을 지킨다. 너무나 간단하고 단순하다고 우습게 보지마라. 매일 반복하는 그 운동이 그 어떤 건강습관보다 강력하다. 단순하고 쉽기 때문에 오래 꾸준히 할 수 있다. 새벽에 단순화한 운동으로 여유롭게 건강도 성공도 지키자.

제4장

새벽을 나의 것으로 만드는 원칙

새벽 기상 성공 조건도 따로 있다

새벽 기상의 가장 걸림돌이 되는 것은 저녁 약속이다. 하나를 얻으려면 하나를 포기해야 한다. 그것이 순리이다. 어느 것을 포기해야 새벽 기상이 보상으로 따라올까? 생각해보자. 새벽 기상에 가장 방해되는 요소 중 하나를 포기하면 될 것이다. 가장 방해되는 요소 중 하나는 바로 저녁 약속이다.

나는 사람들과 어울리는 것을 좋아하는 편이다. 좋아한다고 피곤하지 않은 것은 아니지만 그래도 어울리는 것이 남는 것이 많다. 어울리다보면 배우는 것이 많기 때문이다. 내가 모르는 정보도 알게 되고 내가 생각하지 못한 것도 느끼게 된다. 사람들은 기본적으로 모르는 것을 알고 싶어 하는 욕구가 있다. 모르는 것을 알게 되었을 때 기쁨을 느낀다. 나의 경우에도 알고 싶은 욕구가 강하다. 책을 통해서도 많이 알게 되지만 사람을 직접만나는 것 또한 다른 만족감과 기쁨을 준다.

책을 읽기 전에는 사람과의 만남이 배움의 주 통로였다. 특히 저녁시간에 간단히 맥주나 소주를 마시면서 즐거운 대화의 시간을 갖는 것은 스트레스 해소의 방법이 되기도 했다. 독서를 하면서 만남을 자제하고 있지만 그래도 간혹 만날 때는 시간이 가는 줄 모르고 늦게까지 함께 있게 된다. 이럴 때 다음날 새벽에 일어나지도 못하고 결국, 후회를 한다.

"아구~ 어제 너무 많이 마셨어~!"

"다음에는 만나더라도 너무 늦은 밤까지 있지 말아야지."

라고 후회의 감정과 함께 그마 날 하루는 책도 잘 읽지 못한다. 집중이 잘 되지 않기 때문이다. 그리고 리듬이 깨졌기 때문이기도 하다. 생활의 리듬을 잘 유지해야하는데, 저녁약속을 하게 되면 어김없이 다음 날 악영향을 받게 된다. 만남도 적절히 조절하면 좋겠지만 그 '적절히'가 쉽지 않다.

보통 새벽 기상을 결심하지만 번번이 실패를 한다. 어느 날 갑자기 되는 것은 세상에 없다. 새벽에 일찍 일어나는 것도 마찬가지이다. 오히려 새벽 기상은 다른 것보다 더 노력해야 할지 모른다. 하지만 답이 없는 것은 아니다. 성공의 조건은 있다. 새벽에 일찍 일어나는 것을 성공하기 위한 조건 몇 가지를 소개한다.

첫째, 사고의 변화가 현실변화의 시작이다.

새벽의 가치를 몸소 느껴야 한다. 새벽에 일어나서 어떤 일을 했을 때, 낮에 하는 것에 비해 월등한 효과를 나타낸다는 것을 알게 될 때 새벽에 일어나야겠다는 결심을 하게 된다. 나는 처음부터 새벽의 가치를 알고 새벽에 일어난 것은 아니다. 책을 읽기 위해 시간을 찾다가 새벽 기상을 결심하게 되었다. 바쁜 직장인일 경우 개인적인 시간으로 쓰기에 새벽 시간 만한 것이 없다. 나는 새벽 시간이 필요해서 일어났고 새벽 시간의 가치와 매력을 우연히 알게 된 경우이다. 새벽을 알기 위해 처음에는 무리하게 계획을 세우지 않아도 된다.

둘째, 간절함이 있어야 한다.

생각이 바뀌고 사고방식이 바뀌었다고 바로 행동의 변화가 일어나는 것은 아니다. 사고방식의 변화 없는 행동의 변화는 있을 수 없다, 라는 것이 맞는 말이지만 사고방식의 변화가 곧 행동의 변화라고 말할 수는 없다. 사고방식에 간절함이 더하면 실천이 빨리된다. 나는 독서를 하면서 낮의 독서와 새벽의 독서가 다르다는 것을 알게 되었다. 낮의 독서가 시장바닥에서 책을 읽는 것이라면 새벽의 독서는 혼자만 있는 럭셔리한 리조트에서 책을 읽는 것과 같다. 마음상태부터 환경에 이르기까지 너무나 다르다. 일상 중에 이런 럭셔리한 환경에서 집중적으로 책을 읽을 수 있는데 마다할 이유가 없다. 그것을 몰랐을 때는 어쩔 수 없지만 새벽독서가 좋다는 것을 안 이상 새벽을 건너뛸 수가 없는 것이다. 새벽독서의 가치를 알게 되니 새벽 기상에 대해 간절해졌다. 하루라도 빠지면 신경이 예민해질 정도였다.

뭔가 중요한 것을 놓쳐서 너무나 아까운 마음이 들 때는 곧 새벽 기상을 놓친 경우이다. 나는 생활을 하더라도 중요한 일은 꼭 챙기면서 살아야하고 그것이 제대로 사는 것이란 개똥철학을 가지고 있다. 중요한 일, 즉 인생 목표와 연관된 활동을 하지 않고 일상 루틴적인 일로 하루를 채운다면 지금과 다른 미래는 없다. 하루를 어떻게 보내느냐에 따라 5년 뒤, 10년 뒤는 달라진다. 그렇기 때문에 인생 목표, 메신저로서의 삶을 위해 새벽독서는 절대 실패하면 안 된다는 확신을 가지고 있다. 그런 간절함으로 매일 새벽에 일어난다. 이런 간절함이 생기면 새벽에 더욱 잘 일어나게 되는 것은 당연하다.

셋째, 생활방식을 바꾸어라. 생활의 다양한 항목 중에서 항목의 비중을 바꾸는 것이다. 중심을 새벽 기상에 두고 생활을 재편성하는 것이다. 새벽이나 아침에 일찍 일어나려면 어떻게 해야 하는지 점검해본다. 새벽에 일어나기 위해 가장 중요한 생활방식은 뭐니 뭐니 해도 저녁에 일찍 자는 것이다. 새벽 기상이 시작이 아니라 결과라고 생각해야 한다. 새벽에 일찍 일어나는 결과를 위해 저녁시간이 중요한 것이다. 저녁이 시작이고 새벽 기상은 결과이다. 저녁시간 생활방식을 어떻게 바꾸느냐에 따라 새벽 시간이 나의 삶이 되느냐 마느냐를 결정된다. 새벽 일찍 일어나기위한 저녁 생활방식은 피로한 저녁시간을 줄이고 밤에 일찍 자는 것이다. 밤에 일찍 자려면 모임을 줄이는 것이 가장 좋다. 저녁약속을 될 수 있으면 잡지 않는 것이다. 상대방이 저녁밖에 시간이 없을 경우에만 가끔 저녁시간을 할애할 수 있다. 약속 상대방이 점심시간도 저녁시간도 가능하다면 선택은 한 가지이다. 저녁대신에 점심시간대에 약속을 잡는 것이다. 이것 하나 실천만으로 새벽 기상은 수월해진다.

또 하나 새벽 기상을 위한 적절한 저녁생활방식은 외식대신 집 밥을 먹는 것이다. 외식을 하게 되면 술을 마시게 된다. 물론 아닌 사람도 많지만 보통 외식에서 맛난 음식을 많이 먹게 되는데, 술을 좋아하는 사람은 맛난 음식에 소주한잔을 자연스러운 것으로 생각하고 있다. 자연스러운 것을 못할 경우 스트레스를 받는다. 결국 그런 스트레스 안 받고 외식하면서 맛난 음식에 소주한잔을 하게 된다. 새벽 기상을 하는데 가장 안 좋은 부분이 알코올 섭취이다. 알코올 섭취는 그 다음날 어느 정도 피곤함을 감수하겠다는 무의식의 전제를 가지고 마신다. 알코올의 유혹에 빠져서 그 대가도 치르게 된다. 피 같은 소주라는 표현을 빌려 피같이 소중한 새벽 시간, 알코올로 인해 힘들어진다. 젊었을 때는 술을 먹고도 새벽에 벌떡벌떡 일어날 수 있을지 모르겠지만 그것은 그때뿐이다. 나이 들어서도 꾸준히 새벽 시간을 나의 인생으로 만들려면 젊었을 때부터 알콜 자제가 필요한 것이다. 사실 이 부분도 새벽가치를 절실히 느끼게 되면 이것만으로 스스로 알코올을 자제하게 된다. 그래서 나는 이렇게 말한다. "술을 끊고 싶은 사람은 새벽 시간의 가치를 피부로 느껴라. 새벽에 일찍 일어나라" 라고 강조한다.

새벽 기상 성공 조건은 따로 있다. 새벽에 일찍 일어나는 것 순리대로 해야 한다. 남들이 새벽 시간이 좋다고 하니까 덩달아 새벽에 일어나야겠다고 결심하지 마라. 그 결심에 이르는 과정도 남들이 개입되지 말고 오로지 자신이 느끼고 판단해서 새벽 기상을 결정해라. 일주일에 한 번이라도 일어나서 그 시간에 책을 읽어보자. 낮에 잘 읽히지 않는 글자가 나의 몸속으로 빨려 들어온다는 것을 느낄지도 모른다. 당신의 뇌가 글자를 흡인한다는 느낌을 받을 것이다. 새벽의 가치를 절실히 느끼면 사고의 변화도 생긴다. 새벽에 꼭 일어나야겠다, 고 결심을 하면서 행동으로 옮기게 된다. 매일 성공은 못하지만 새벽에 일찍 일어나는 횟수가 하루, 이틀 늘어나면서 자신감도 생긴다. 그렇게 성공 횟수는 늘어나고 새벽은 당신의 인생을 조금씩 하지만 확실하게 바꾸어 나갈 것이다. 당신이 해야 할 일은 순리에 따라 새벽 기상 성공의 조건을 하나씩 갖추어나가는 것이다. 모두 조건을 갖추었을 때 새벽에 일어나는 것은 아주 평범한 일상이 된다.

새벽 기상, 만만하게 여겨라

"수홍아, 정아야. 일어나야지. 학교 갈 시간이야."

아침 7시에 나는 아이들을 깨운다. 아침 준비를 하면서 1층에서 2층을 향해 일어나라고 한다. 반응이 없으면 나는 아이들을 깨우기 위해 2층으로 올라간다.

현재 나는 세부에서 생활하고 있다. 가끔씩 어떻게 내가 여기까지 오게 되었나 싶다. 아침에 아이들 일어나자마자 아이들이 좋아하는 과일을 준비해준다. 수홍이는 망고, 정아는 망고스틱을 먹는다. 냉장고에 시원하게 넣어둔 망고와 망고스틱을 먹고 잠을 마저 깬다. 과일을 먹고 난 뒤 아이들은 미역국에 밥을 말아 아침을 먹는다. 아침을 먹고 나서 아이들은 막탄 몬테소리 학교 마크가 찍힌 교복을 입고 학교 갈 준비를 한다. 이 곳은 초등학생인데 교복을 입는 것도 특이하다. 여기 필리핀은 대부분은 교복을 입는다고 한다. 아마 빈부의 격차가 심해서 이질감을 예방하기 위한 배려 차원이 아닐까 생각해본다. 아이들은 교복에 하얀 발목양말에 구두까지 신고 가방을 끌고 집을 나선다.

책을 다 가지고 다니기 때문에 가방도 캐리어식으로 끌고 다닌다.

아이들이 나가고 나면 나는 글을 쓴다. 간단히 아침밥부터 먹는다. 어떨 때는 아이들이 남기고 간 밥을 먹기도 한다. 그럴 때가 많다. 보통의 엄마들처럼 그렇게 아침을 해결 할 경우가 많다. 그리고 본격적인 초고쓰기에 들어간다. 이 글을 쓰고 있는 오늘 아침에도 나는 그렇게 초고쓰기를 시작했다. 지금 시각 11시 40분이다. 초고쓰기는 12시까지 계속 쓴다. 세 번째 초고를 쓰고 있다. 이곳 세부는 초고쓰기에 최고의 장소이다. 아는 사람이 없으니 만날 사람도 없고 외출도 마트나 다녀오니 하니 주로 집에서 많은 시간을 보내게 된다. 그러니 글쓰기에는 최적의 장소가 된다.

이런 세부 생활은 한국에 있을 때부터 현실처럼 느꼈었다. 한국에 있을 때부터 세부생활을 상상하고 생생히 느꼈다. 그런 상황들이 낯설지가 않았다. 사전 잠깐 방문했을 때 알게 된 학교에 아이들을 보내놓고 나는 글을 쓰는 모습을 상상했다. 생생히 매일 상상했다. 자꾸 상상하니까 그 상황이 눈에 선했다. 눈에 보이는 듯 그 생활이 익숙해졌다. 너무나 자연스럽게 느껴졌다. 이미 내가 그 상황에 들어가 있는 듯한 느낌이라고 할까? 이렇게 생생하게 느낀 시간은 길지 않았다. 세부에 와야겠다고 생각한 것이 8월 중순 부터였고 세부에 온 것은 9월 17일이었다. 한 달이 안 걸렸다. 결정하고 한 달이 안 걸려 세부로 오게 된 것이다. 상상의 힘이 막강하다. 상상으로 생생하게 느끼고 만만해지면 현실이 된다.

새벽 기상도 만만하게 느끼면 현실이 된다. 만만한 만큼 새벽에 일어나기 쉽다. 만만하게 느끼면 자신감이 생긴다. 자신감은 어디에서 나왔을까? 그것은 익숙함에서 나온다. 자꾸 생각하면서 만만하게 여기면 그것에 익숙해진다. 어떤 목표가 있다고 했을 때 그 목표가 이루어진 듯 만만해져야 현실로도 되는데, 그렇게 되면 자연스럽게 나의 일부처럼 나의 삶으로 들어오게 된다.

만만하게 느낄 수 있는 방법은 두 가지가 있다.

우선 첫 번째 방법은 생생하게 상상하는 것이다. 내가 세부에 오기 전 세부 살이를 만만하게 여길 수 있었던 방식이다. 그것처럼 새벽 기상 실천을 목표로 삼았다면 새벽에 일찍 일어나서 자기가 무엇인가를 하는 것을 상상해야 한다. 그것도 구체적으로 상상할수록 좋다.

만약 구체적이지 않으면 만만한 느낌이 덜하다. 예를 들어보겠다. 나는 이렇게 상상할 수 있다. 실제 나의 새벽 모습이다. 이것을 새벽 기상 시작 전부터 상상한다. 그 전날 자기 전에 상상하면 더욱 좋다. 새벽 기상은 그 전날 수면 직전에 구체적으로 상상한다. '나는 지금 자서 아침 5시에 기상한다. 깨운 하게 일어나서 물 한 잔 마시고 바닥을 쓸고 맨손체조를 한다. 그리고 새벽 기상 시간 블로그 포스팅을 한다. 포스팅 후 계획한 제목의 꼭지 글을 쓴다.' 이렇게 새벽모습을 상상한다. 이렇게 미리 생각하고 상상하는 것은 나의 잠재의식에 명령하는 것이다. 잠재의식에 저장된 나의 새벽모습은 현실로 나타난다. 즉, 잠재의식의 도움을 받아 현실화된다. 이것은 생생히 상상하면서 잠재의식을 활용해 새벽 기상을 현실화한다고 볼 수 있다.

만만하게 느끼게 하는 두 번째 방법은 어떤 일을 달성하기 위한 전략의 핵심을 꿰뚫는 것이다. 핵심을 알면 전체를 아는 것이 쉬워진다. 핵심을 모르면 아무리 많이 안다고 해도 본연의 모습을 파악하기 쉽지 않다. 비슷한 맥락으로 핵심을 알면 목표달성이 쉬워진다.

나는 하루 한 권 독서법을 실천하고 있다. 모든 책을 그렇게 읽는 것은 아니다. 나의 판단에 의해 나의 의지대로 하루 한권독서법이 가능하다, 라는 표현이 정확할 것이다. 깊이 있게 곱씹으면서 읽고 싶은 책은 1권으로 1년을 읽을 수도 있다. 그 책의 주제에 따라, 작가에 따라, 나의 관심도에 따라 읽을 방법과 읽는 시간을 정한다. 그렇다고 해도 하루 한권은 너무 심하지 않나?, 라고 말하는 사람이 있을 수 있다. 하루 한 권 불가능하다고 말하기도 한다. 하지만 그 책의 핵심만 제대로 집어 낼 수 있다면 충분히 가능하다. 핵심을 읽는 연습이 필요하고 이론과 실천을 겸해서 숙달해야 한다. 나는 핵심위주로 그렇게 하루 한권 독서하기를 권한다. 핵심위주로 하루 한권 읽다보면 책 읽는 것이 만만하게 느껴진다. 한 마디로 자신감이 붙는 것이다. 자신감이 붙으면 핵심위주로 더 잘 읽게 되고 자신이 원하는 대로 하루 한권읽기도 쉬워진다. 선순환이 발생한다.

새벽 기상도 새벽에 일어날 수 있는 원리와 방법을 제대로 숙지하면 쉬워진다. 새벽에 일어나는 방법, 그것이 새벽 기상의 핵심인 것이다. 처음에 나는 새벽에 일어나려면 어떻게 해야 하는지 잘 몰랐다. 단지, 새벽에 일어나니까 잠을 줄여야 한다고 생각했다. 기본적으로 잠을 줄여야 한다는 전제를 깔았던 것이다. 이런 생각을 하는 이유는 새벽 기상이니 새벽 시간의 조정만이 필요하다고 생각하기 때문이다. 저녁시간과 밤 시간 조정은 전혀 생각하지 못했다. 세상일이 다 원인과 결과가 있는데, 저녁, 밤 시간의 결과가 새벽 시간이란 것을 인지하지 못한 것이다. 저녁, 밤 시간을 어떻게 보내느냐에 따라 새벽에 일어날 수도 있고 못 일어날 수도 있다는 것을 생각하지 못했다. 그러니 계속 실패를 하는 수밖에 없는 것이다.

새벽 기상 실패를 거듭하면서 그 사실을 나중에 알게 되었다. 새벽에 일어나려면 잠을 줄이기보다 밤 시간을 줄이고 관리해야 한다는 사실을 알게 되었다. 그래서 저녁, 밤 시간을 조정하고 관리했다. 저녁 모임을 될 수 있으면 없애고 11시전에는 취침하는 것으로 조정했다. 그 두 가지만 조정해도 새벽 기상은 쉬워진다. 지금은 그 전 간간히 섭취하던 알코올섭취도 지양하고 있다. 왜냐하면 알코올을 먹으면 그 다음날까지 영향을 미친다. 많이 마시지 않아도 영향이 있다. 본인이 인지하지 못한다고 알코올의 부정적 신체적 정신적 영향이 없다고 할 수 없다. 조금의 음주에도 평상시 새벽과 다른 것을 느낀다. 이렇게 새벽에 일어날 수 있는 두 가지 핵심적 생활방식만 실천하더라도 새벽 기상은 만만하게 느껴진다. 그리고 만만하게 느끼는 것만큼 새벽은 이제, 나의 삶의 일부분이 되어 나를 바꾸고 내 인생을 바꿀 것이다.

무엇인가를 이루기 위한 방법 중 하나가 그것에 대해 만만한 느낌을 가지는 것이다. 만만한 느낌은 생생히 상상하고 그것의 핵심을 제대로 파악하고 실천하면 된다. 현실과 이상의 갭을 줄이는 것은 우선 만만한 느낌이다. 새벽 기상을 못하는 사람에게 새벽 기상은 이상이 된다. 새벽에 일어나서 하는 활동으로 얻는 이득의 가치를 알고 있지만 실천하지 못해 안타까워하는 많은 사람들의 이상은 새벽에 일어나는 것. 그것도 스스로 만만하게 여기는 마음이 있으면 새벽 기상 쉬워진다. 새벽 기상에 실패하다보면 좌절감이 찾아와서 포기하는 사람도 있다. 왜 포기하는가? 새벽 기상이 거대한 바위처럼 자기 마음대로 할 수 없다고 느끼기 때문이다. 하지만 아니다. 새벽 기상 별거 아니다, 라고 생각하자. 당신의 마음 상태, 즉 만만하게 생각하는 그것에 의해 새벽은 당신 삶의 일부분이 된다. 다시 한 번 강조한다. 새벽 기상 포기하지 말고 새벽에 일어나 책 읽고 하고 싶은 것 하는 모습 생생히 상상해라. 이렇게 만만하게 느끼고 생각하면서 새벽 시간을 무한한 능력이 발현되는 당신 삶의 일부분으로 만들어라.

간절한 인생 목표를 정해라

오늘도 습관대로 새벽을 열었다. 평소보다 조금 늦은 시간이다. 5시 기상했다. 5시에 1층으로 내려와서 불을 켜고 냉수 한 컵을 마신다. 큰 컵을 마련했더니 한꺼번에 먹기에는 양이 많다. 반으로 나누어 마신다. 마시면서 앞문, 뒷문을 활짝 연다. 현재 세부에서 생활하는 나는 한국의 새벽과 색다른 맛을 느낀다. 다른 세상 다른 공간, 공기도 느낌이 다르다. 하지만 새벽의 상쾌함은 같다. 한국에서나 이 곳 세부에서나 차이가 크지 않다. 새벽의 개운한 상쾌함을 느끼면서 새벽을 여는 신성한 나만의 의식을 치렀다.

아침의 의식은 최근 한 가지가 더 늘었다. 냉수 마시기, 바닥 쓸기, 바닥에 앉아 맨손 체조하기였는데 얼마 전부터 새끼 길고양이 밥 챙겨주기를 시작했다. 고양이 사료도 평생 처음으로 샀다. 내가 어릴 때 고양이를 키우기는 했으나 그 기억은 가물거린다. 고양이는 개와 달리 사람으로 따지면 지극히 개인적인 성향을 소유하고 있다는 정도 기억한다. 이 곳 세부에는 동물들이 많다. 그것도 주인 없는 개, 길고양이들이 주변에 넘친다. 동물들도 사람들처럼 느긋하고 여유롭다. 단지 밥을 챙겨주는 사람이 없다보니 사람을 따르고 의지하는 것 같다. 동물들도 머리가 있는 것이다. 우리 집을 찾는 고양이도 딱 한번 먹이를 줬더니, 그 다음부터 정확히 그 시간에 대기하고 있다. 그렇게 길고양이들의 밥까지 챙겨주고 나는 본격적으로 나의 일을 시작한다.

나는 초고를 쓰기 전에 시간 목표를 정한다. 쉽게 말해서 데드라인이라고도 할 수 있다. 세부에 와서 특별히 할 것도 없다. 아이들 학교에 가고 나면 나는 책을 읽고 글을 쓴다. 새벽 시간까지 합쳐서 하루 7~8시간씩 쓴다. 항상 쓰기 전에 각 꼭지별 시간 목표를 노트에 적는다. 하루 2꼭지, 3꼭지를 목표로 지금 쓰고 있는데, 미리 꼭지제목을 적고 몇 시까지 쓴다는 시간 목표 계획을 세운다.

"꼭지제목 : 인생 목표를 매일 소리 내서 읽어라, 06:40~08:00 1꼭지 완성."

이렇게 시작시간과 완성시간을 미리 계획한다. 이렇게 미리 완성 목표시간을 정하고 쓰기 시작하면 그 시간에 완성할 가능성이 높아진다. 목표한 대로 에너지를 쏟이 노력하기 때문이다. 그런 목표가 없이 쓰게 되면 쓰면서 자꾸 딴 짓을 한다. 꼭지 글쓰기 전에 블로그 포스팅한 것을 다시 본다. 얼마나 사람들이 읽었는지?, 얼마나 사람들이 공감했는지, 어떤 댓글이 달렸는지를 확인한다. 확인하다가 갑자기 포스팅 할 것이 생각나기도 한다. 그러면 꼭지 글 쓰다가 다시 블로그 포스팅을 한다. 그렇게 갑자기 포스팅하는 것 외에도 집에서 글을 쓰다 보니, 중간 중간 집안일도 있다. 여기는 더운 나라라 물을 많이 먹는다. 글 쓰다가 물을 끓이기도 한다. 세탁기 빨래가 다 돌아가면 햇빛 있을 때 열어야 하기에 중간에 또 빨래를 연다. 기타 등등, 이렇게 중간 중간 하는 일이 있게 되면 꼭지 하나 쓰는데, 시간이 아주 많이 걸린다. 그래서 이렇게 시간 목표를 정하고 하면 꼭지 글 쓰는 중간에 다른 일을 하는 것을 예방할 수 있다. 오로지 꼭지 글 쓰는 것에 집중한다.

이렇게 시간 목표를 두고 쓰면 비록 목표를 성취하지 못하더라도 부수적인 효과가 크다. 목표자체가 일에 집중을 하게 하는 효과가 생긴다. 목표 자체가 집중의 환경을 만드는 것이다. 시간 목표를 세우고 글을 쓸 때와 안 세우고 쓸 때는 차이가 많이 난다. 데드라인 시간 없이 꼭지 글을 쓰면 하루에 꼭지 글 1개도 겨우 쓴다. 당연한 결과이다. 글을 쓰다 딴 일을 자꾸 하기 때문이다. 내가 특별히 산만해서 그런 것은 아니다. 의식을 초고완성이란 목표에 두려면 눈에 보이는 목표를 세우고 기록하는 것이 필요하다는 것을 나는 알게 되었다.

초고쓰기 전 데드라인 시간 목표는 초고완성에 아주 중요하다. 이것을 알게 되면서 나는 모든 일에 데드라인시간을 정한다. 아무리 사소로운 일이라도 세운다. 나는 초집중해서 비록 작은 사소로운 일이라도 즐겁게 완성한다. 사실 하루에 할 수 있는 일은 지극히 제한적이다. 중요한 일부터 우선 하고 생활인으로서 꼭 해야 할 일도 챙긴다. 예를 들어 은행볼일을 봐야 한다거나, 마트를 가야 한다거나, 기타 등의 일들이다. 그러면 나는 그런 일도 시간 목표를 세워서 한다. 불가항력적인 상황이 있을 수 있음을 예상하고 그런 시간까지 포함시켜 시간 목표를 세운다.

이렇듯 생활의 간단한 일에도 시간 목표가 필요하다. 인생의 목표는 두말할 필요가 없다. 나의 소중하고 간절한 인생 목표를 생각할 때는 하루 중 어느 시간을 활용할 것인지 정해야 한다. 나의 인생 목표와 연관된 집중적인 노력을 할 시간을 정하는 것이다. 24시간 내내 인생 목표에 대한 생각할 수도 있지만 생각만 해서는 달성되지 않는다. 그것을 위해 행동을 해야 한다. 최대 집중해서 행동할 수 있는 자기만의 시간을 찾아야하는데, 나는 그것이 새벽이라고 강조하고 싶다. 왜냐하면 누구나 자신의 의지와 노력만 있으면 그 황금 같은 시간은 자기의 인생 목표를 이루기 위한 가장 소중한 시간으로 만들 수 있기 때문이다.

《아침 5시의 기적》을 쓴 제프 샌더스는 아침 5시의 기적을 이루기 위한 기초로 네 가지를 말하고 있다. 그 중 세 번째, 가장 원하는 꿈을 이루기 위한 단기 목표를 설정한다, 라고 말하고 있다. 단기목표를 설정하라고 했다. 이 단기목표가 있기 전에 자신의 가장 원하는 꿈을 정해야 한다. 자신의 인생 목표를 설정해야 한다. 직장인들 중에 꿈도 인생 목표도 없는 사람이 적지 않다. 나도 작년 책을 쓰기 전까지 꿈이 없었다. 나이 많고 직장도 보건교사로서 정년이 보장되어있겠다, 나에게 무슨 꿈이 필요해?, 라고 생각했다. 직업이 인생 목표는 아니다. 오히려 직장인일수록 자신만의 꿈, 간절한 인생 목표가 있어야 한다. 자신의 꿈과 인생 목표를 향해 노력하고 이루어가는 과정에서 직장에서 쌓인 스트레스를 날려버리고 만족감과 행복감을 얻을 수 있다.

"직장인일수록, 꿈을 가져라."

"어른일수록 인생 목표를 가져라. 그래야 아이들도 배운다."

라고 소리 높여 말하고 싶다. 이런 생각들은 누가 가르쳐주지 않는다. 스스로 깨달아야 한다. 누가 하라고 하면 더 하기 싫은 것이 인간의 심리이다. 스스로 느끼고 깨닫고 멋진 꿈, 최고의 나만의 인생 목표를 가지길 바란다.

인생 목표를 세우면 새벽 시간을 활용하게 된다. 간절할수록 그렇게 된다. 간절한 인생 목표가 있는가? 있다고 말하는 사람도 있겠지만 잘 모른다고 말하는 사람도 많다. 자신의 인생인데, 자신의 한 번뿐인 생인데, 하지만 평상시에 '인생 목표'라는 단어를 생각하지 못하기에 인생 목표가 없는 것이다. 그냥 생활인으로서 하루하루 열심히만 살아가는 것이다. 그렇기 때문에 방향이 없다. 방향이 있다하더라도 아주 단편적이고 단기적인 방향이다. 큰 그림을 그려야 한다. 큰 그림 밑에 작은 그림은 쉽게 그릴 수 있다. 큰 그림이 먼저이다.

간절한 인생 목표를 세우고 새벽 시간 활용하길 바란다. 당신에게 간절한 인생 목표는 무엇인가? 분명히 있을 것이다. 어릴 때 꿈꾸었던 그 기억을 거슬러 올라가 보아라. 살기 바빠서 잊어버리고 있던 그 꿈을 찾아라. 잠시 여유를 가지고 자신의 내면을 돌아보자. 잊고 지낸 나의 꿈을 세상 밖으로 끄집어내라. 노트에 적고 벽에 붙여놓아라. 그리고 매일 쳐다보고 상상하며 말로 소리치자. 그렇게 당신의 꿈을 다시 살려내자. 꿈의 씨앗이 자랄 수 있도록 하루에 1시간씩 집중해서 노력하자. 어떻게 노력해야 할까? 가장 집중할 수 있고 뇌 상태가 스마트한 그 시간을 활용해라. 그 시간은 바로 새벽이다. 새벽에 당신의 인생 목표를 향해 노력해라. 간절한 인생 목표일수록 자연스럽게 새벽을 찾게 된다. 새벽 못 일어난다고 변명한다면 그 인생 목표는 당신에게 간절하지 않은 목표이다. 더 간절하게 하고 싶고 되고 싶은 인생 목표를 다시 정해라. 당신에게 가장 간절한 인생 목표를 이루기 위해 매일 새벽에 일어나라. 나는 장담한다. 빠르면 3년, 늦어도 5년 이내에 당신은 당신의 인생 목표를 달성할 것이다.

11시 전에 잠들어라

새벽에 잘 일어나는 최고의 비법은 전날 일찍 자는 것이다. 최소 11시전에는 자야 한다. 그래야 새벽에 일어나기가 수월하다. 이 단순한 사실을 모른다면 잠을 줄이려고 할 것이다. 잠을 줄여서는 새벽 기상 성공할 수 없다. 사람마다 필요한 수면시간이 다르기 때문에 자기에게 적절한 수면시간을 테스트한 후 정한다. 그것을 기준으로 취침시간을 정한다. 만약 5시 기상 목표인데, 자신의 필요 수면시간이 6시간이라면 11시에 취침해야 한다는 것이다. 나는 사실 새벽에 일어나면서 그동안 너무 많이 귀한 시간을 잠으로 소비했다는 것을 인지했다. 그러면서 꼭 필요한 수면시간만큼만 취침하는 변화도 일어났다.

나는 최대 11시까지는 취침하기 위해 노력한다. 한국에 있을 때는 그랬다. 이 곳 세부에 와서는 아이들 학교에 가는 시간이 빨라져서 더 빨리 취침을 하게 된다. 아이들과 함께 자기 때문이다. 9시에 침실로 올라가서 대략 10시쯤에는 잔다. 아이들도 그때 수면에 들어간다. 밤을 즐기고 밤에 의미를 두는 사람에게는 그 시간이 초저녁에 해당되겠지만, 귀한 새벽 시간을 위해 그 시간을 양보한다. 습관만 들이면 그 패턴이 또 적응이 되면서 자연스럽게 된다. 자신의 수면리듬을 미리 속단하지 말고 테스트해 보자. 취침 시간을 9시, 10시, 늦어도 11시 정하고 여러 날 다양하게 해 보아라. 그리고 자신의 신체 흐름이 어떤지 느껴보길 바란다. 새벽에 일어나는 것도 마찬가지이다. 자신에게 기회를 줘라. 새벽에 상쾌한 환경을 접하고 자신의 인생 목표와 연관된 일에 초 집중할 수 있다.

밤에 늦게 자는 사람은 어두운 밤을 즐기는 대신 더 가치 있는 것을 잃게 된다. 이런 사람일수록 스스로 야행성이라 선언하면서 변화주기를 주저한다. 내가 그랬었다. 젊었을 때, 20대, 30대에는 보통 새벽 2시까지 무엇인가를 했다. 특별히 할 일이 없어도 그 시간까지 깨어있었다. 그냥 밤을 보내기가 아쉬웠다. 밤 시간보다 더 상쾌한 새벽 시간의 존재를 알지 못했다. 새벽 시간은 나의 삶에서 완전 배제시킨 시간을 보냈었다. 스스로 야행성이라 선언했기 때문에 그렇게 늦게 까지 깨어 있게 된다. 자신이 선언한 대로 행동한다. 물론 잠이 안 와서 깨어있는 불면증을 앓고 있는 사람도 있겠지만 나는 그런 이유가 아니면서 밤에 유독 늦게 자고 아침에 늦게 일어났었다. 밤에 늦게 자면 그 다음날 컨디션이 받게 된다. 이것은 기정사실이다.

밤에 깨어있는 시간이 길면 길수록 일어나는 시간은 늦어진다. 사람은 본능적으로 자신이 필요한 수면시간을 채운다. 늦게 자고 새벽에 일어났다면 낮잠이라도 자게 된다. 낮잠을 못자는 상황이라면 졸기까지 하면서 몸은 스스로 그 부족한 수면시간을 채운다. 이것은 불가항력적이다. 우리가 어떻게 할 수 없다. 그렇기 때문에 새벽 시간을 오랫동안 즐기기 위해서는 낮이 너무 졸리거나 해서는 안 된다. 낮에 너무 졸린다면 새벽 시간을 포기하게 된다. 그래서 새벽 기상을 위해 먼저 생각해야 할 부분 첫째가 자신이 필요한 수면시간은 될 수 있으면 충분히 채우는 것이다. 그리고 챙겨야할 것은 새벽 기상 목표시간을 정하고 밤에 지신의 수면시간을 채우기 위해 취침시간을 당겨서 정하는 것이다.

새벽 시간의 가치를 제대로 알게 된다면 밤 시간을 줄이게 된다. 밤 시간을 줄인다는 것은 밤에 일찍 잔다는 것이다. 밤에 할 일은 줄이고 새벽 시간을 갖는 것이다. 밤에 하는 일을 점검해보자. 음악을 듣는다. 편지를 쓴다. 책을 본다. 또 어떤 것이 있을 수 있는가? 자신이 야행성이거나 12시 넘어서까지 자지 않는 사람이라면 그 시간까지 자기가 무엇을 하는 지 체크해보자. 특별히 꼭 밤에 해야 할 일이 아니라면 새벽으로 몰아도 된다. 새벽 기상이 습관이듯이 늦게 자는 것도 습관이고, 밤늦게 하는 일도 습관이다. 그 오랫동안 해온 습관에 이제는 브레이크를 걸어야 할 때이다. 밤에 하던 일을 새벽 시간으로 옮겨도 된다. 아마 밤에 하는 일은 하지 않아도 되는 일들이 많을 수도 있다. 하는 것보다 안함으로 얻는 이득이 많은 일들을 우리는 버리지 못하고 밤의 의식처럼 밤늦게까지 행동하고 있었는지 모른다. 나에게, 나의 인생에 도움이 안 된다면 밤에 하는 일은 중단하자. 그리고 새벽 시간을 나의 삶으로 끌어들이자. 새벽에 창조적인 일들과 활동으로 내 삶을 창조적이면서 긍정적으로 변화시키자.

될 수 있으면 11시 전에는 잠들자. 그리고 새벽에 일어나자. 5시에 일어나면 6시간을 자게 된다. 아무리 실천해도 나는 잠이 더 필요하다고 판단이 들면 수면 시간을 앞당긴다. 10시나 9시에 수면에 들어가라. 내가 TV를 없앨 때 경험이다. TV가 없으면 못살 것 같았지만 없애고 나니 일주일도 안 되어 적응되었다. 그것처럼 매일 12시, 1시에 자다가 10시, 9시에 자려고 하니 무엇인가를 빠트린 것처럼 어색할 수 있다. 하지만 변화된다. 자신의 결단만 있다면 자신의 생활 스타일은 얼마든지 바꿀 수 있는 것이다. 지레 겁먹고 나는 안 돼, 애들도 아니고 어떻게 9시, 10시에 자는가? 라고 생각하지 말자. 필요하고 특별히 문제가 없으면 수면시간 9시 10시로 당겨도 된다. 공 병호 작가 같은 경우 아주 이른 시간에 수면을 취하고 새벽3시에 기상한다고, 책에서 봤다. 공 병호 작가처럼 책을 쓰고 강연에 다니면서 그렇게 일찍 자도 별 문제없다. 오히려 그렇게 일찍 잤기 때문에 새벽 시간을 더 길게 활용해서 그렇게 왕성한 활동을 지치지 않고 꾸준히 할 수 있는 것이다.

몇 시에 자는가? 새벽을 놓치지 않을 수 있는 제 1의 철칙은 그 전날 11시전에 취침하는 것이다. 그것을 나의 마음에 새겨 넣자. 11시전에 자면 새벽 기상 충분히 가능하다. 자신에게 필요한 수면시간이 충족되면 새벽 기상 어렵지 않다. 깨어있는 시간이 밤에서 아침으로 옮겼다는 것, 그것만이 변화된 것이다. 저녁, 밤 시간을 평소처럼 늦게까지 깨어 있으면서 새벽에 일어나려고 하면 안 된다. 아주 미련한 짓이다. 새벽 기상 놓치지 않기 위해 밤 11시 전에는 반드시 취침한다는 것을 잊지 말자.

수면시간을 줄이지 마라

새벽 기상을 위해 수면시간을 줄여서는 안 된다. 수면시간은 챙겨야 새벽에 일어날 수 있다. 새벽 기상이라고 하면 다소 거부반응이 생기는 이유가 수면시간을 줄여야 한다고 스스로 전제를 하기 때문이다.

"새벽 기상? 수면시간을 줄이라는 것인가? 나는 잠은 절대 포기 못해~!"

이렇게 생각하게 된다. 새벽 기상과 수면시간 단축을 같은 개념으로 생각한다. 그렇지 않다. 사람마다 필요한 수면시간이 다르고 그것을 필요한 수면 양을 줄여서는 제대로 두뇌기능을 다하지 못한다. 두뇌가 기능을 못하면 일에 집중하지 못하고 생산적이지 못한 하루가 된다. 그렇게 되면 결국 새벽 기상 이득보다 잃는 것이 더 많게 된다.

오히려 반대로 생각해야 한다.

"새벽에 일어나야하기 때문에 일찍 자야 한다."

이렇게 생각하면 새벽에 일찍 일어나는 것은 빠르게 습관화할 수 있다. 새벽에 일어나기 위해 수면시간을 줄이는 것이 아니다. 새벽에 일어난다고 결심을 했다면 수면 총양은 건들지 말아야 한다. 새벽 기상 아니라 아침에 조금 더 잘 수 있는 상황에서는 잠을 좀 늦게 자도 된다. 하지만 새벽에 일어나겠다고 생각하면 일찍 일어난 만큼 못 잘 잠을 그 전날 자야 한다. 결론은 새벽에 일찍 일어나는 대신 밤에 일찍 자는 것이다. 새벽에 1시간 당겨 일어난다면 저녁이후 시간에 1시간 당겨서 자는 것이다. 저녁이후 시간에 일찍 자는 것이 자신의 수면시간을 건드리지 않는 유일한 방법이다. 수면시간을 줄이면 새벽 기상은 실패할 가능성이 높다. 실패하지 않는 새벽 기상을 위해 수면시간 건들면 안 되고, 수면시간 그대로 유지하려면 저녁 이후의 시간을 수면시간으로 더 활용해야 한다는 결론이 나온다.

전 날 저녁 이후의 시간을 조정하지 못하면 새벽에 일찍 일어나기 어려워진다. 많은 사람들이 새벽의 가치를 알면서도 실천하지 못하는 이유는 저녁이후의 시간 조정에 실패했기 때문이다.

원숭이를 산채로 쉽게 잡는 방법에 대해 이야기를 들었다. 기발한 방법으로 원숭이를 잡는다. 땅에 구멍을 파고 원숭이가 보는 곳에서 구멍 속에 무엇인가를 넣는다. 원숭이는 호기심이 많은 동물이라 사람이 사라지고 난 이후에 그곳으로 가서 구멍 속에 손을 넣는다. 손을 넣고는 그 물건을 빼려고 하지만 뺄 수 없다. 구멍이 손 하나 겨우 들어갈 크기인지라. 음식을 잡은 주먹을 풀어야 손을 뺄 수 있다. 하지만 원숭이는 주먹을 풀지 못한다. 그 음식에 대한 욕심을 버리지 못하기에 사람이 와서 자기를 잡아갈 때까지 그 주먹을 놓지 못한다. 주먹에 쥔 음식과 자신의 자유를 바꾼 것이다.

다른 곳에서도 구할 수 있는 음식 때문에 목숨보다 소중한 자유를 잃은 원숭이처럼 밤의 시간 갖는 대신 인생혁명을 일으킬 수 있는 귀한 새벽 시간을 가지지 못하게 된다. 물론 밤에 더욱 집중이 잘된다고 하는 사람도 있다. 하지만 그것도 새벽 시간의 진정한 가치를 깨닫지 못했기 때문에 그렇게 생각할 수도 있다는 점 간과해선 안 된다.

처음에 나는 이런 사실을 인지하지 못했다. 보통 사람처럼 책을 읽기 위해 새벽에 일어난다는 것은 곧 잠을 줄이고 새벽에 일어나 책을 본다는 의미로 이해를 했다. 도전자체도 처음에는 쉽지 않았다. 직장도 다니면서 어린아이들 둘 돌봄까지 하면서 새벽에 일어난다는 자체가 엄두가 나지 않았다. 새벽에 일어나는 것. 시도 자체를 하기가 쉽지 않다. 결국 자신의 생각이 자신의 현실이 되듯이 새벽 기상 불가능하다고 생각하면 도전자체를 하지 않게 된다. 다행히 나는 독서에 대한 열망이 강하였기에 불가능한 마음을 누르고 도전했다. 실패를 반복하면서 새벽 기상의 가능한 최고의 방법은 자기 몸에 필요한 수면은 취하면서 하는 것이란 것을 알게 되었다.

새벽 기상이 현실적으로 도저히 불가능한 것처럼 보이더라도 시도하고 방법을 찾아야 한다. 새벽에 못 일어날 이유가 너무나 많다. 밤에 꼭 봐야할 TV 프로그램이 있다. 봐야할 프로그램이 요일마다 있다. 이러면 정말 곤란해진다. 나만의 밤 시간도 즐겨야 하고 즐기고 싶다. 지인 중 한 사람은 아이를 9시쯤 재우고 10시쯤 일어난다고 한다. 그리고 10시부터 자기만의 시간을 갖는다. 이 시간에 TV를 보고 군것질을 하면서 하루의 스트레스를 푼다고 한다. 어른들도 과자를 좋아한다. 그렇게 몇 년을 하니 느는 것을 몸무게뿐이다. 몸무게가 느니 건강에도 적신호가 켜졌다. 그럼에도 불구하고 유일하게 스트레스를 푸는 방법이기에 이 시간을 포기하지 못한다. 냉철하게 따져봤을 때 밤 시간이 진정 내 인생에 도움이 되는지 확인해 봐야 한다. 그냥 내 인생에 도움이 될 것 같은 막연한 느낌이라면 그 시간을 포기하고 새벽에 일어나는 것을 선택해라. 결과적으로 내 인생에 마이너스인 밤 시간을 없애기만 해도 새벽에 일어날 수 있다. 밤 시간을 반납하지 않으면 새벽 시간은 당신 인생에 찾아오지 않는다.

아무리 새벽에 일찍 일어나고 싶다고 해도 수면시간은 줄이면 안 된다. 내가 속한 독서모임에선 새벽마다 새벽인사를 SNS 상에 올린다. 그렇게 해서 새벽 기상을 서로 돕고 동기부여하고 있다. 이런 활동은 서로 원원하는 활동으로 새벽 기상이 가능하게 한다. 일단 새벽 기상의 도전은 정말 잘한 일이나 너무 무리하게 되면 역효과가 나게 된다. 일주일 새벽인사 잘하다가 사라지는 회원이 있다. 이것은 하루 이틀 참을 수 있지만 그 이상은 힘들기 때문이다. 잠을 줄이고는 몸과 마음이 지쳐 세상이 귀찮아지게 된다. 새벽 기상에 대한 생각은 아예 접어버리게 된다. 그렇기 때문에 전략이 필요한 것이다.

'새벽 기상' 정복의 최대전략은 새벽 시간 조정에 있지 않다. 전 날 저녁이후 시간 조정에 있다. 저녁 이후 시간을 줄이고 최소 수면시간을 5~6시간은 확보해야 한다. 더군다나 술을 좋아하는 사람이라면 알코올은 될 수 있으면 자제해야 한다. 새벽 기상이 습관이 될 때까지 만이라도 금지하자. 일찍 자더라도 알코올 섭취를 하면 일어나기 또 힘들어지기 때문이다. 이른 취침과 알코올 자제가 새벽 기상의 최고전략임을 빨리 깨닫기를 정말 바란다.

수면은 우리에게 음식처럼 에너지를 제공한다. 에너지의 근원이 되는 수면을 줄이고는 그 어떤 것도 유익한 것이 되지 못한다. 새벽 기상이 아무리 삶에 있어서 혁신적인 변화의 계기가 된다할지언정 나에게 아무 상관없는 일이 된다. 잠을 자면서 그것을 취하자. 자기에게 꼭 필요한 수면시간을 여러 날에 걸쳐 실험을 하자. 나는 야행성이야, 라고 무턱대고 덮어두지 말자. 필요한 잠을 자면서 저녁시간을 줄여 새벽 기상을 실천해보면서 그 믿음이 맞는 것인지 확인 하자. 밤을 포기하기 싫은 나의 합리화인지 확인해보자. 농사꾼의 유전자가 우리 몸에 남아 있기 때문에 해가 뜨면서 일어나고 해가지면서 자는 그 리듬이 자연스러운 리듬임을 알게 될 것이다. 해가 지면서 자는 패턴까지는 아닐지라도 인생에 크게 도움이 되지 않으면서 습관적으로 보내는 저녁시간을 줄이자. 그렇게 최소 5~6시간 수면을 취하고 깨운 한 마음으로 새벽에 일어나라. 자신의 몸에 적절한 수면을 취한 후 새벽에 일어나 인생 대변혁의 씨앗들을 뿌리자.

뼛속까지 새벽물이 들도록 해라

나는 아이 두 명이 있다. 아직 초등학교 저학년이다. 아들은 3학년, 밑의 딸은 2학년이다. 현재 세부에 와서 함께 생활을 하고 있다. 한국에 있을 때 아이들은 정규 교육과정이 아닌 대안학교를 다녔다. 고양에 있는 '고양자유학교'라고 하는 학교이다. 그 곳의 교육에서 중요하게 생각하는 것은 아이들이 저마다의 발달단계에 맞추어 자연스런 성장이 이루어질 수 있도록 적절한 환경을 조성하는 것에 중점을 둔다는 것이다. 또한 인지적 사교육은 금하고 있다. 운동이나 기타 예체능 같은 경우에는 일부 허용을 하지만 그 외 영어학원, 수학학원, 기타 학원은 엄하게 금하고 있다. 그래서 아이들은 여기 온 9월까지 영어공부를 전혀 하지 않았다. 알파벳도 모르고 세부를 왔다. 이곳 세부는 다 영어로 수업을 하고 평상시 사용하는 언어도 영어인데, 영어를 전혀 모른다. 그래서 저녁마다 집 숙제를 내주었다. 알파벳부터 시작했다. 그 알파벳, 지금까지 헷갈려하고 있지만 그래도 매일 영어로 읽고, 쓰는 것을 집에서도 연습하고 있다.

지금은 영어로 숫자공부를 하고 있다. 일부터 시작해서 백까지 읽고 쓴다. 숫자는 일부터 이십까지만 영어로 쓰고 읽을 수 있으면 그 다음은 쉬워진다. 아이들도 그것을 어느 정도 파악한 것 같다. 수홍인 숫자를 곧 잘 하고 있고 정아는 하나를 완전히 알고 나서 그 다음 과제로 넘어가려는 성향이라 천천히 배우고 있다. 정아는 최근 20까지 읽고 쓴다. 숫자공부는 진도를 빠르게 나가면서 반복하는 방법을 사용하는 것이 좋다. 그리고 단어공부도 시작했다. 매일 3개씩 읽고 쓰고 외우는 것으로 하고 있다. 하지만 워낙 공부하는 것에 익숙하지 않아 아이들은 어떻게든 조금이라도 덜 하고 싶어 한다.

"엄마, 오늘은 130까지 써도 돼요?"

"어제, 어디까지 썼어?"

"음, 125까지요."

"그럼 20은 더 써야지. 155까지 쓰자~"

이런 대화가 매일 이어진다. 특히 수홍이가 자주 하는 질문은 이것이다.

"엄마, 오늘만 쉬면 안 돼?"

나는 대답한다.

"응. 안 돼."

아이는 좋았다가 실망한다. "응" 소리만 듣고 좋아, 라 하다가, 마지막 "안 돼" 소리 듣고 풀이 죽는다. 어떻게든 하루 건너뛰려고 안달을 한다. 집 숙제 때문에 매일 밀고 당기는 실랑이가 벌어진다. 놀기 좋아하는 수홍이는 어떻게든 하루 쉬어보는 것이 꿈이다. 나는 아이들이 이런 희망을 자꾸 하지 않도록 공부 양을 줄이더라도 공부를 완전 건너뛰게 하지 않는다.

"수홍아, 오늘 정말 하기 싫다면, 조금만 해. 건너뛰는 것은 안 돼. 공부습관을 만들려면 절대 빠지는 것은 안 된다. 매일 해야지, 정 하기 싫으면 숫자 10개만 써도 돼."

라고 어르고 타이른다. 아직 아이들 어려서 그럭저럭 잘 따라온다. 초등 고학년만 되어도 다루기가 힘들어진다고 하는데, 그 전에 공부하는 습관을 들여야겠다는 생각을 하고 있다.

새벽에 일어나는 것도 이와 마찬가지다. 나는 새벽 기상을 빠지지 않으려고 한다. 하루라도 건너뛰지 않는다. 어떤 상황에서든 건너뛰지 않는다. 공기를 들여 마시듯이 뼛속까지 새벽 기상 물이 제대로 들게 하기 위해 지금까지 신경을 쓴다.

학교에서 학부모 캠핑을 갈 때도 나는 새벽에 일어났다. 고양자유학교는 모임이 많다. 의무적으로 소속된 두레모임이 있다. 이 모임은 여러 학년 학부모가 고루 섞여있다. 한 달에 한 번씩 가정에서 모임을 갖는다. 부모가 직장인이 많기 때문에 저녁 8시에 모임이 시작된다. 학년별로 돌아가면서 음식을 싸가지고 간다. 달마다 홀수학년, 짝수학년으로 구분해서 음식을 포장해서 간다. 모임을 하는 가정에서도 간단히 음식을 준비한다. 학교는 학부모 중심으로 운영되기 때문에 학교의 해결할 문제나 미래지향적인 주제들에 대해 의견을 나누고 결정을 내려 두레장이 학부모들의 의견을 이사회모임에서 전달하는 식으로 회의를 한다. 두레 담합을 위해 1박 2일 여행을 가기도 한다. 인천 근처의 섬 볼음도를 찾았었다. 그곳에서도 나는 새벽에 일어나 새벽의 상쾌함을 마셨다. 색다른 곳에서 새벽, 그 근본은 비슷하지만 색다른 느낌과 깨달음이 용솟

음친다.

오랜만에 친정식구를 만나도 나는 새벽에 일어난다. 친정가족들을 자주 만날 수는 없다. 각자 살기 바쁘고 각자 사는 곳도 다르기 때문이다. 간혹 1년에한 번씩 만난다. 언니가 우리 집 최고 맏이다. 맏이인 만큼 맏이로서의 역할도 잘 하고 있다. 배울 점이 많다. 오빠도 마찬가지 어릴 때는 치고받고 싸웠지만 그래도 지금은 떨어져 살면서 오빠의 마음 씀씀이에 고맙다는 생각을 한다. 새언니도 나를 먼저 알고 오빠를 알게 되면서 오빠와 결혼까지 했다. 그러면서 투닥거리며 싸우기도 하면서 서로 성격도 맞추면서 잘 살고 있다. 동생도 열심히 살기 위해 노력하는 모습을 보이고 있다. 너무 욕심내지 말고 성실하고 꾸준하게 해서 아무쪼록 좋은 결과가 있기를 바라는 마음이다. 식구들을오랜만에 만나면 할 이야기도 많고 술도 한 잔씩 한다. 다음 날 새벽 기상을 장담할 수가 없다. 하지만 나는 그런 날도 새벽이 되면 일어난다. 가족의 만남도좋았지만, 새벽이 너무 좋기 때문에 그 날도 새벽을 포기할 수 없기 때문이다.

친정어머니는 새벽 일어나 독서를 해도 이제는 그러려니 하신다. 하지만 어느 날 문득 내게 조용히 다가오셔서 말씀하신다.

"애정아~! 새벽에 무슨 책을 그렇게 읽냐?"

"너 책보는 것도 중요하지만 아이들 잘 기르는 것이 더 중요해."

라고 걱정을 하신다. 어머니는 옛날 분이시다. 연세도 올해 82세이다. 엄마가 어릴 때 전쟁으로 인해 정규 교육을 많이 받으시지 못했다. 하지만 자식사랑과 교육열은 대단하시다. 엄마의 열띤 교육열로 인해 4형제는 모두 대학 나오고 잘 살고 있다고 생각한다. 그런 엄마이지만 내가 너무 책에 빠져있다고걱정을 하신다. 잠도 안자고 책을 보는 것처럼 보였으니, 손자들이 걱정이 되었던 것 같다. 나는 엄마에게 이렇게 말했다.

"엄마, 아이들 잘 키우기 위해 새벽에 일어나 책 보는 거예요. 걱정하지 마세요."

새벽에 일어나는 것도 습관들이는 것이다. 나 같은 경우 새벽 기상 경력이 4년 정도 된다. 그래서 완전히 몸에 붙었다고 할 수 있다. 습관이 된 것이다. 새벽에 일어나기 위해 어떤 사람은 두 개, 3개 알람을 사용한다고 하는데 나는 필요 없다. 그냥 4시에서 4시 30분이 되면 자동 눈이 뜨여진다. 그 전날 정말 피곤했더라도 그 시간만 되면 일어난다.

습관으로 잘 정착된 새벽 기상이지만 나는 이 습관을 잘 유지하기 위해서 지금도 빠지지 않고 매일 새벽에 일어난다. 금연에 성공한 사람이 그 이후에도 매일 금연하는 것처럼 그렇게 새벽에 일어난다. 20년, 30년 새벽 기상 실천하는 사람도 어떨 때는 새벽에 일어나는 것이 힘들다고 한다. 나도 마찬가지이다. 대부분 상쾌한 기분으로 일어나지만 간혹 힘든 날도 있다. 그럴 때가 고비인 것이다. 그럴 때라도 새벽에 일어난다. 자칫 안일한 생각으로 거르는 날이 하루, 이틀 있다 보면 습관화된 새벽 기상이 또 흐지부지하게 될 수도 있기 때문이다. 물론 그렇게 되기는 쉽지 않다고 생각한다. 하지만 사람의 일이라서, 나는 조금의 기미도 허락하지 않기 위해 매일 새벽에 일어난다. 매일 일어나면서 뼈 속까지 새벽물이 들게 한다.

기상 시간을 매일 기록하라

기록의 힘을 이야기할 때 항상 나오는 사례가 있다. 하버드생의 향후 성공 여부를 연구하는 과정에서 인생 목표를 세우고 기록한 졸업생 3%만이 나머지 사람의 모든 월급의 합보다 많은 벌이를 하는 성공한 사람이 되었다는 연구결과이다. 인생 목표만 세운 사람보다 인생 목표를 세우고 기록을 한 사람만이 월등한 성공의 반열에 올랐다. 이것은 기록이 그만큼 중요하다는 사례이다. 우리는 자주 계획을 세운다. 목표도 정한다. 그리고 마음속으로만 생각하고 실천하려고 노력하는 경우가 많다. 하지만 3% 하버드 생처럼 기록하는 경우 그 목표 실천력은 굉장히 높아진다.

필리핀 세부에 와서 내가 주로 하는 일이 책을 쓰는 일이다. 이 곳에 아는 사람도 없고 갈 만한 곳도 없다. 한국처럼 많지 않다. 세부는 아직 인공적인 것보다 자연적인 것들이 많은 곳이다. 특히 이 곳 막탄은 더 그렇다. 자연의 경치를 보러가는 것이 최고이지만 아직 그렇게 돌아다닐 만큼 익숙하지 않다. 외출을 한다면 주로 내가 있는 막탄에 있는 대형 몰을 찾는다. 가끔 세부시내도 나간다. 막탄이 시골에 해당된다면 세부는 시티에 해당된다. 세부 대형몰을 찾는 것이 현재 최고의 외출이다. 그리고 나머지 시간은 책 쓰기를 한다. 그래서 책 쓰는 시간 많이 늘어났다. 아이들 학교에 가면 하루 최고 8시간 동안 쓰고 있다. 한국에서는 꿈도 꾸지 못하는 시간이다. 세부에서 글쓰기에 딱 좋은 환경이다.

초고를 쓰기 전에 나는 초고 완성 날을 기록한다. 초고 시작날도 함께 기록한다. 이 곳에 와서 처음 쓴 초고의 주제는 '책 쓰기'와 관련이 있다. 지금 쓰고 있는 것은 세부에 와서 두 번째 쓰는 원고이다.

"초고 시작 날 : 10월 8일."

"초고 완성 날 : 10월 30일."

두 번째 쓰는 원고의 초고시작 날, 초고 완성 날 기록이다. 이렇게 기록을 하고 초고를 쓰면 신기하게도 목표의식이 발동한다. 목표달성에 대한 강한 의지가 생긴다. 또한 기록을 하면 좋은 점이 눈으로 볼 수 있다는 것이다. 말은 표현할 때만 의지가 생긴다. 하지만 기록은 계속 원할 때마다 볼 수 있어서 볼 때마다 의지를 다질 수 있다. 자연스럽게 그렇게 된다. 그래서 기록의 힘이 강력한 것이다. 무의식적으로 문구를 보면서 문구로 인해 의식상태까지 문구의 표현대로 업그레이드 시킬 수 있는 것이다.

기록한 것을 선포하면 더욱 강력한 추진력이 생긴다. 선포는 가족한테 할 수도 있고 사람들이 많은 곳에서 선포할 수도 있다. 그리고 인터넷을 이용해서 선포하면 가장 많은 사람 앞에서 선포하는 것과 같은 효과가 나타난다. 쉬우면서도 강력한 선포가 되는 것이다. 주로 나는 내가 매일 포스팅을 올리는 나의 블로그에 선포한다. 지지금 대략 100명 정도의 이웃이 방문하고 있는데 블로그에 포스팅하면 100명 한테 나의 초고쓰기를 알리게 되는 것이다. 그리고 초고쓰기 완성날도 알리게 되어 관심을 받게 된다. 나도 또한 블로그에 기록하고 선포한 만큼 그 약속을 지키기 위해 나의 여건을 재배치하게 된다.

두 번째 책 초고, 가제는 '책 쓰기, 무작정 2달만 따라하기'이다. 가제가 너무 길어서 '책무따'라고 줄여서 부른다. '책무따'는 목표로 한 초고완성 날보다 더 빠르게 완성되었다. 초고 완성 날이 2018년 10월 30일이었는데, 2일 앞당겨서 10월 28일 날 완성했다. 《하루 한권독서법》의 초고가 한 달 만에 완성되었는데, 그것보다 빠르다. 《하루 한권독서법》때도 초고 완성 날을 기록하고 선포하여서 그 힘을 느꼈지만 지금은 좀 익숙해져서 그런지 초고완성 20일 만에 달성되었다. 나 스스로도 놀랐다. 한국보다 책 쓰기 여건이 좋다하더라도 이렇게까지 빨리 완성될 줄은 몰랐다. 초고 완성 날을 기록하고 매일 반복해서 보고 마음을 다진 결과가 아닐까 생각한다. 기록의 힘 책 쓰기에서 뿐 아니라 다른 상황에서도 마찬가지로 적용된다.

나는 새벽 기상 시간을 매일 기록한다. 매일 기록하면서 더욱 새벽에 잘 일어나게 되었다. 왜냐하면 내일 새벽 기상을 또 기록해야 하기 때문이다. 만족스러운 기록을 위해 새벽에 일어난다. 나와의 약속, 새벽 기상을 지키기 위해 노력한다. 당장 눈에 보이는 가시적인 결과, 새벽 시간 기록이 눈으로 확인되기에 신기하게도 성취감과 만족감이 생긴다. 아이들만 칭찬스티커 받으면 기분 좋은 것 아니다. 새벽 기상 시간 기록을 보면서 기분 좋은 느낌을 받는다. 그 기분은 다음날 새벽 기상으로 이어진다.

새벽 기상 기록은 처음에 체크리스트로 만들어서 했다. 체크리스트로 만들면 더 명확하고 쉽게 확인이 된다. 체크리스트 우리는 자주 사용한다. 만약 여행을 간다고 했을 때 가지고 가야할 물건을 먼저 기록한다. 그렇게 항목과 틀을 만들어놓고 준비할 때마다 체크를 한다. 필요한 항목을 먼저 꼼꼼히 기록을 하고 체크하기 때문에 빠지는 물건이 빠트리지 않게 된다. 그것처럼 새벽기상 매일 하는 것이기에 박스를 만들고 그 달의 날짜를 입력해서 틀을 만든다. 매일 체크할 공간을 미리 만들어놓고 한다. 체크하기 편하다. 그리고 체크한 전체 박스를 보면서 자신이 얼마나 실천 했나? 확인이 된다. 확인하면 반성도 따라오고 그렇게 새벽 기상의 실천력은 좋아진다.

블로그 포스팅으로 새벽 기상을 기록했다. 체크리스트로 어느 정도 습관형성이 되기 시작하면서 기록방법을 바꾸었다. 처음 세 달까지는 체크리스트로 전체 새벽 기상 실천이 보이게 했다. 세 달이 지난 이후부터 새벽 기상 유지차원의 기록이 필요한 것이다. 처음에 철저한 관리를 위해 체크리스트가 필요했다면 습관이 되면 유지를 위한 블로그 포스팅을 한 것이다.

새벽 기상 시간을 기록하면 덤으로 블로그 포스팅도 매일하게 되었다. 블로그를 잘 관리하는 일반적인 방법 1순위가 매일 포스팅을 하는 것이다. 가게 운영에 비유하자면, 매일 문을 여는 가게에 해당되게 되는 것이다. 가게 주인 마음대로 어떤 날은 열고 어떤 날은 잠그고 하면 누가 그 가게를 찾아가겠는가? 가려고 하다가 그 가게는 문을 닫았을지 모른다, 이런 추측을 하게 되어 방문을 아예 안하게 된다. 매일 새벽 기상을 블로그에 기록하면서 1일 1포스팅도 자연스럽게 달성되었다.

새벽 기상시간을 기록함으로써 기록한 것을 보면서 매일 반성도 한다.

'오늘은 좀 늦게 일어났네, 내일은 좀 더 빨리 일어나야지'

이렇게 되다보니 새벽 기상 시간도 더 빨라진다. 지금은 새벽4시 기상이 목표이다. 목표가 곧 실천은 아니라는 것 알 것이다. 목표는 내가 해야 할 방향이다. 목표를 세우면 무조건 달성해야 한다는 강박관념을 가지면 상위목표를 세울 수 없다. 나는 새벽4시 상위목표를 세우고 그것을 향해 조금씩 새벽 기상 시간을 앞당기고 있다.

새벽에 잘 일어나고 유지하는 최고의 방법은 기록하는 것이다. 새벽에 일어나는 시간을 기록하는 것이다. 수단은 다양하다. 노트를 하나 만들어 간단히 새벽 시간만 기록해도 된다. 아니면 체크리스트를 미리 만들어 기록해도 된다. 나처럼 블로그 포스팅을 통해서 전체에 공유하면서 블로그에 기록해도 된다. 다 일장일단이 있다. 기본적으로 처음에는 체크리스트로 시작하면 좋다. 새벽 기상한 것을 한꺼번에 볼 수 있어 자기반성의 멋진 도구가 된다. 그리고 새벽 기상 유지방법으로 블로그 포스팅이 좋다. 사람들에게 나의 새벽 기상시간을 공유함으로써 블로그를 방문한 사람의 동기부여도 함께 된다. 그리고 새벽 기상의 가치에 대해서 함께 포스팅함으로써 새벽 기상의 가치를 알릴 수도 있다. 새벽의 가치를 아는 사람은 새벽의 가치를 알리고 싶어 한다. 나도 마찬가지이다. 나만 알고 있는 비밀. 새벽의 시크릿을 많은 사람이 알고 나처럼 인생혁명 함께 이루어나가면 좋겠다.

새벽 기상 마음속으로만 하지 말자. 매일 새벽 기상시간 기록으로 더욱 쉽게 새벽 시간 나의 삶이 되게 하자. 기록의 강력한 힘을 새벽 기상 실천과 습관화에 활용하는 지혜를 발휘하길 진정 바란다.

포기만 하지 마라

'그 때 포기했었다면…….' 라고 상상하는 것만으로도 아찔한 시간이 있다. 이 시간은 나에게 너무나 소중하다. 인생 최고의 시간이다. 누구나 이런 시간들이 있을 것이다. 오늘과 연결되는 결정적인 과거의 시간들, 그 시간이 없었다면 오늘의 내가 있을 수 없다. 그 시간들은 대부분 힘든 시간이 많다. 하루하루가 도전이고 인내의 시간이다. 그런 시간이 있었기에 지금의 내가 있을 수 있다. 힘들지만 포기하지 않고 끝까지 잘 견뎌내고 노력했기에 만족스런 오늘이 있을 수 있는 것이다.

재수시간. 말만 들어도 힘들겠다는 생각이 든다. 대한민국 대부분의 고3 수험생들은 기본적으로 힘들다. 새벽부터 시작해서 그 다음날 새벽까지 공부한다. 신기하다. 그렇게 힘들게 해도 사람이 살아갈 수 있다는 게, 정말 사람은 무한의 능력을 가진 존재이다. 때론 스스로 하는 것보다 분위기에 휩쓸려 하는 경우도 많다. 아니면 세뇌당해서 명확한 이유도 모르고 그냥 열심히 한다. 공부를 해야 하는 진짜 이유를 찾고 하는 것이 아니라 오로지 좋은 대학이 목적인 아이들. 그렇기에 그 시기는 더 힘들다. 그런 고3 학생보다 더 힘든 아이들은 대학에 낙방하고 재수하는 아이들이라 할 수 있다. 내가 고3보다 더 힘든 시기를 보낸 장본인이다.

 사람마다 힘든 부분은 가지각색이다. 힘들다는 것이 아주 주관적이기 때문이다. 내가 재수하면서 힘든 이유는 미래가 보장되어 있지 않다는 불명확성 때문이었다. 모든 사람들이 이런 감정을 갖고 살지만 재수할 때는 더욱 그런 불안감이 크다. 왜냐하면 최소한 대학은 나와야 한다고 생각하고 있었기 때문이다. 대학의 관문을 통과한 사람이 그렇게 부러울 수 없었다. 그런 불안함이 있을 때 사람들은 그 불안을 조금이라도 해소하려고 한다. 나도 마찬가지였다. 나는 주위 식구들을 못살게 굴었다. 특히 나를 위해 지방에서 올라와 서울 노량진에서 조그마한 가게까지 하신 어머니를 괴롭혔다.

 "엄마, 나 재수하는데, 재수해도 대학 떨어지면 어떡해?"

 라고 다가오지 않은 미래의 일을 부정적으로 생각하면서 엄마를 주기적으로 꾸준하게 못살게 했다. 무슨 심보인가? 재수하는 아이들은 다 이렇게 조금씩 이상 증상을 보인다. 그것이 정상이다. 불안한 미래에 대한 두려움과 걱정을 안고 매일 공부만 하니, 다른 생각을 할 수가 없다. 국군 간호 사관학교 시험 치기 두 달 전에는 독서실에서 먹고 자는 생활을 했다. 그런 환경에서는 더욱 좁은 생각, 좁은 사고에 갇혀 있을 수밖에 없다. 노량진 단과학원에서 공부하고 독서실에 와서 또 공부하고 초저녁자고 새벽까지 또 공부하는 그런 생활의 연속이었다. 새벽에 일어나서 공부를 했다면 창의적인 사고로 다양한 생각을 하면서 여유롭게 좀 더 집중적으로 새벽 몰입공부를 할 수 있었을 텐데, 그 때는 새벽을 전혀 알지 못했다. 새벽의 가치를 알려주는 사람도 없었다.

힘든 재수생활하면서 포기하지 않았다. 어린 나이에 겪게 된 첫 관문. 대학 입시의 두껍고 단단한 문을 열기 위한 고뇌의 시간들은 나의 피가 되고 살이 되었다. 힘든만큼 나는 더욱 단단해졌다. 힘들수록 오기라는 것이 발동했다. 새로운 감정을 체험하는 시기였다. 고통스럽고 불안한 가운데에서도 오기라는 감정으로 그것들을 이겨냈다. 만약 이때 주저앉았다면 나는 계속 주저앉는 것에 익숙해져서 조금만 힘들어도 포기했을 것이다. 포기해서 받는 당장 즐거움보다 포기하지 않고 인내한 괴로움이 나중에는 더 달콤한 열매가 될 것이란 것을 알게 되었다.

언니가 전달해주는 국군 간호 사관학교 원서로 나는 9월 달에 시험을 봤다. 언니는 동생을 데려와서 재수를 시키는 입장에서 동생이 공부를 잘하고 있는 지 확인도 해보고 싶었을 것이다. 교사인 형부도 마찬가지 궁금하셨을 것이다. 나도 나의 실력을 알고 싶었다. 그래서 시험을 봤다. 간호사관학교는 다른 사관학교와 마찬가지로 3차까지 시험이 있다. 1차는 이론시험, 2차는 서류심사, 3차는 면접이다. 1차 시험 발표 날을 앞두고 또 나는 엄마를 괴롭혔다.

"엄마, 간호 사관학교 떨어지면 어떡해? 그 1차 시험보고 난 뒤 공부도 열심히 안했는데, 떨어지면 어떡해?"

지금 내 동생이 그랬다면 한 대 쥐어박았을 것이다. 온 통 부정적인 상상으로 옆에 사람까지 피곤해지는 말만 골라서 하니, 어떻게 안 쥐어박을 수 있겠는가? 그런데 엄마는 특별히 말씀하시지 않으셨다. 그냥 기다려보자고 말씀하셨다. 엄마 속은 자식 속보다 더 타 들어가셨을 거지만 엄마는 나에게만큼 그런 표현을 하지 않았다. 엄마의 지혜를 엿볼 수 있는 부분이었다. 발표 되는 날 나 대신 다른 가족이 알아봤다. 언니인지, 형부인지 기억이 정확하지 않다. 확인 후 나에게 전화를 주셨다.

"애정아, 합격이야, 한 달 뒤 면접 보러 가야해."

이 전화 한통화가 나의 지옥과 천당을 바꾸어놓았다. 면접의 시기는 정확하지 않다. 그 당시 2차 면접을 보러 가야 한다는 말이 너무나 고마웠다. 2차 면접을 볼 수 있다는 것은 1차를 패스했다는 의미이기에 면접은 얼마든지, 어디든 갈 수 있다는 마음이 들었다. 그렇게 나는 2차, 3차를 통과해서 간호 사관학교 입학식을 하게 되었다.

새벽이 다가오기 직전에 가장 어둡다. 인생의 가장 소중하고 중요한 시기일수록 시련의 강도는 커진다. 가치 있는 것일수록 많은 인내가 필요하다. 힘듦을 참고 얻는 것들은 내 인생 평생 긍정적인 영향을 미치게 된다. 힘든 것일수록 나에게, 나의 인생에 값진 것들이 많다.

새벽 기상도 이와 같다고 할 수 있다. 새벽 기상 습관을 형성하게 되면 인생에서 많은 기회를 가지게 된다. 성공의 길이 열린다고 할 수 있다. 새벽은 당신이 평생 성공의 길로 갈 수 있도록 든든한 지원자가 될 것이다.

포기한다면 이런 새벽의 가치는 당신의 삶에 좋은 영향을 끼치지 못한다. 인생에서 가장 큰 손실을 입게 되는 것이다. 그 어떤 손실보다 큰 손실이건만 당신은 인지하지도 못한다. 왜냐하면 어차피 새벽의 가치를 알지 못하기 때문이다. 알지 못하면 인지하지 못하게 되고 그것의 가치를 모르기 때문에 그것을 손실이라고 여기지도 않는다. 자신이 아는 만큼 보인다는 것이 여기에도 적용이 된다. 성공한 사람들의 대부분은 새벽의 가치를 알고 있다. 새벽의 가치를 알기 때문에 성공할 수 있었을 것이다. 하루 중 가장 생산적이고 능률적인 그 시간을 활용하는데, 성공하지 않을 수가 없을 것이다. 특별히 운명이 나쁘지 않는다면 새벽 시간을 매일 갖는 것만으로 남들과 다른 결과물을 가지게 된다. 이것이 하루하루 쌓일수록 놀라운 결과로 나타나게 된다.

이런 원리를 모르는 사람은 새벽 기상을 쉽게 포기하게 된다. 새벽의 가치를 느끼지 못하기 때문에 그것이 인생 최대의 손실이란 사실 자체도 모른다. 아는 것과 실천하는 것은 다르다고 말하는데, 제대로 알면 실천할 수밖에 없다. 아는 것이 제대로 아는 것이 아니기 때문에 실천하지 않는 것이다. 제대로 알려면 포기하지 말고 일단 6개월은 해보아야 한다. 완전히 체화되는데 3개월 체화된 이후 그것을 자연스럽게 느끼는데 3개월 해서 최소 6개월은 새벽에 일어나 보자. 죽기 살기로 새벽 기상 해보자. 이런 변명, 저런 변명 이제 그만두자. 변명하는 사람은 변명할 일이 너무나 많다. 변명은 자신을 보호하는 것 같지만 그 변명 때문에 새벽 기상을 지금까지 못하고 있는 것이다.

새벽독서 4년 만에 작가가 된 나의 사례를 보고 새벽 기상 놓치면 최대 인생 손실이란 각오로 새벽 기상 내 것으로 만들자. 새벽 기상 내 습관이 되면 작가도, 강연가도, 백만장자 메신저도 될 수 있다.

"6개월 포기하지 말고 도전~!", "오늘부터 시작해보자. 지금까지 손해 본 새벽 기상 앞으로는 없다"는 생각으로 도전, 6개월 꾸준히 나아간다. 뇌에 확실히 입력하고 포기하지 말고 끝까지 해보도록 하자. 포기만 안하면 새벽은 당신의 것이 된다. 새벽 기상을 얻으면 원하는 인생을 제대로 얻을 수 있다. 오늘 늦게 일어났다고 새벽 기상 절대 포기하지 마라.

제5장

새벽은 인생혁명을 만든다
놓치지 마라

운명을 바꾸고 싶으면 새벽에 일어나라

《내 심장을 쏴라》, 《7년의 밤》을 쓴 정 유정 작가이가 있다. 역시 간호사 출신이다. 5년이 다들 고비인지 이 정유정 작가도 5년 간호사 생활을 하다가, 건강보험심사평가원에서 9년간 더 일했다. 하지만 또 다시 자신의 인생에 회의 감을 느끼면서 직장을 그만두고 책을 쓰기 시작했다. 현재 15년 동안 전업 작가로 글을 쓰면서 소설의 거장으로 자리매김하고 있다. 정유정 작가, 책을 쓰기 전에 만족하지 못하는 평범한 간호사였다. 눈물겨운 시행착오 끝에 오늘 소설가로서 명성을 얻었다. 책이 그녀의 운명을 바꾼 것이다.

《2000원으로 밥상 차리기》의 저자 김용환은 안타깝게도 현재 유명을 달리했다. 살아생전 그는 이 책 한권으로 백종원의 요리책도 앞질러 150만부 이상의 판매고를 올린 베스트셀러 요리작가가 되어 인생을 바꾸었다.

임원화 작가도 책 출간을 통해 운명을 바꾼 사람 중 한 명이다. 5년간 간호사 생활을 접고 《하루 10분 독서의 힘》을 출간함과 동시에 병원을 그만두었다. 그리고 작가로서 강연가로서 코칭가로서 삶을 바꾸었다. 책 출간으로 인한 운명의 변화였다. 그래서 그녀는 책을 통해 운명을 바꾸라고 말한다. 출간후 놀라운 삶의 변화가 있다는 것을 알기에 사람들에게 그것을 알리고 있다. 책을 쓰자. 이제 1인 1출간의 시대이다, 라고 주장한다.

운명을 바꾸는 일, 책 한권으로 가능하다.

"운명이 그렇게 쉽게 바뀌나?"

라고 반문하는 사람도 있겠지만, 운명은 자기가 어떻게 행동을 하느냐에 따라 쉽게 바뀔 수도 있다. 내가 어떤 일을 하느냐에 따라 삶이 바뀌는 것이다. 변화 없이 하던 일만 열심히 할 경우 어제와 같은 오늘을 살게 된다. 자신이 가장 하고 싶은 일을 찾아 특별히 시간을 만들어 그 일을 해야 한다. 자신의 운명과 미래를 위해 특별한 시간으로 최고는 단연 새벽 시간이다. 새벽 시간을 나의 삶으로 끌어 들이면 운명은 시나브로 바뀐다.

나는 새벽에 일어나면서 나의 운명이 바뀌었다. 나는 기존의 하는 일 외에 가슴 떨리는 새로운 일을 찾았다. 새벽이 있었기에 가능했다. 가슴 떨리는 그 일은 바로 책을 쓰는 일이다. 매일 나는 책을 쓰고 있다. 새벽에 일어나 지금도 꼭지 글을 쓰고 있다. 그들처럼 나도 《하루 한권 독서법》 책을 내면서 새로운 운명의 길을 가고 있다. 더 정확히 말해서 새벽에 일어났기 때문에 《하루한권 독서법》을 출간할 수 있었다. 그래서 나는 출간이 운명을 바꾼 것처럼 보이지만 사실은 더 정확히 표현해서 새벽이 나의 운명을 바꾸었다고 말하고 싶다. 물론 새벽에 일어난다고 다 책을 쓰고 운명을 바꾼다고 할 수는 없지만 그래도 책 쓰기를 해야겠다고 아이디어를 얻은 것이 새벽이었기에 새벽을 이 나의 운명변화의 근본이라 할 수 있다.

내가 운명이 바뀌었다고 말하는 이유는 매일 책을 쓰고 있기 때문이다. 《하루 한 권 독서법》이 나오기 전까지 나는 평범한 직장인이었다. 학교에서 아이들의 건강을 책임지는 보건교사였다. 지금도 역시 보건교사이지만 그때와 지금의 나는 완전히 다른 사람이 되었다. 겉과 속이 다 변화되었다. 현재 휴직 중이고 아이 둘을 데리고 세부에서 생활하고 있다. 아이들을 학교에 보내고 책을 쓴다. 다른 작가처럼 직업을 바꾸고 강연을 다니고 하지는 않지만 나는 그전의 나와 180도 다른 삶을 살고 있다. 내가 작가가 된 것도 신기한 일이다. 하지만 어쩌다가 한 권의 책을 낼 수도 있다. 한 권의 개인저서를 출간한 것보다 더 높이 의미를 부여하고 싶은 것은 내가 매일 책을 쓰고 있다는 사실 자체이다.

《하루 한 권 독서법》이 많이 팔리든 적게 팔리든 상관하지 않고 2번째, 3번째 초고를 쓰고 있다. 다행히《하루 한권 독서법》은 독자들의 사랑을 받고 꾸준히 팔리고 있다. 나는 세부에 온지 두 달 만에 세 번째 초고를 지금도 쓰고 있다. 쓰는 자체를 나의 일로 여기고 꾸준히 쓰는 삶을 산다는 것이 가장 큰 운명의 변화라고 말할 수 있다.

나는 생각한다. 죽을 때까지 나는 책을 쓸 수 있다. 새벽에 일어나, 목차에 따라 꼭지 글을 하나하나 써가는 것은 나의 즐거움이 된 것이다. 쓰는 동안 힘든 부분도 있지만 힘든 것만으로 끝나지 않는다는 것을 알기에 즐거움이 되었다. 꼭지 글을 다 완성하면 또 하나의 저서가 생긴다. 또한 나의 저서를 통해 누군가가 도움이 될 수 있다는 사실이 나를 계속 쓰게 동기 부여한다. 현재 시각 08시. 오늘도 나는 새벽에 일어나 지금까지 쓰고 있다.

새벽이 운명을 바꾸는 이유가 무엇일까? 나는 새벽에 일어났기 때문에 책까지 쓰게 되었다고 강조한다. 그렇게 말하는 이유는 새벽만의 특별한 무엇인가가 있기 때문이다. 그 특별한 무엇인가가 나의 운명을 바꾸고 당신의 운명을 바꿀 것이다. 운명을 바꾸는 새벽만의 특별함, 두 가지만 뽑자면 나는 이것을 말하고 싶다.

첫째는 새벽 시간에는 자신의 깊은 내면으로 들어갈 수 있다. 새벽 시간은 오로지 자신만이 존재하는 시간이다. 소란스럽지도 않다. 주변을 신경 쓰지 않아도 된다. 오로지 자신의 내면을 들여다 볼 수 있다. 새벽에 책을 읽게 되면 외부에서 들어오는 책의 내용이 바로 나의 내면으로 들어간다. 내면에서 융합이 일어난다. 내면에서 버무려진 새로운 창조물은 나의 외부에 영향을 미친다. 나의 생각과 사고, 태도, 삶의 가치관이 바뀌고 이것들은 나의 행동을 바꾼다. 도전하게 된다. 도전해서 그만큼 성장하고 인생이 변화된다.

둘째는 진정 자신이 할 일을 찾게 되고 그것에 집중할 수 있게 된다. 자신의 내면을 쉽게 들여다보는 새벽 시간은 또한 나의 인생에서 내가 할 일을 찾도록 환경조성이 되어 있다. 비록 직장에서 아이들 건강을 돌보고 있지만 다른 일에도 관심을 갖게 한다. 지금 하는 일과 전혀 다른 일에 관심을 가지게 한다. 사고는 자유롭고, 도전 또한 담대해진다. 자신이 세상에 태어나서 해야 할 일들을 찾고 소명의식을 갖는다면 행동은 과감해진다. 아이들이 공부할 이유를 찾으면 완전 다른 태도로 열공 하듯이, 삶에서 내가 해야 할 일과 그 이유를 찾는다면 열심히 그것에 집중하게 된다.

운명을 바꾸고 싶으면 새벽에 일어나라. "어떻게 새벽에 일어나?" 부정적인 생각을 멀리 던져버리고 일단 "그래? 새벽이 운명을 바꾼단 말이지?"라는 호기심으로 도전하기를 바란다. 세상일이 자기 뜻대로 되지 않는다고 생각하는 사람일수록, 고민되는 큰 문제가 있는데 잘 풀리지 않아 끙끙거리는 사람일수록 새벽에 일어나라. 새벽 시간에는 자신의 깊은 내면의 무한 능력이 발휘된다. 일생동안 자신이 집중해야 할 일도 찾을 수 있다. 세상 사람들이 다들 부러워하는 직업이라도 자신이 행복하지 못하면 그 직업은 당신의 직업이 아닐지도 모른다. 더 멋진 일들이 당신을 기다리고 있다. 그 멋진 일을 찾아라. 그 일은 직장을 다니면서도 할 수 있다. 새벽에 모든 답이 있다고 나는 강조한다. 왜냐하면 새벽에 내가 가장 행복할 수 있는 일도 찾고 그 일을 조금씩 하면서 자신의 운명도 바꾸게 되기 때문이다. 새벽에 일어나 진정 자신이 행복하고 만족할 수 있는 일을 찾아라. 이제 운명을 바꾸어라.

새벽은 당신에게 영감을 준다

고민하던 문제가 어느 날 갑자기 해결되었던 기억들이 한 번씩 있을 것이다. 그럴 때는 특별한 영감이 있었기 때문에 해결점을 찾았다고 할 수 있다. 나는 세부 살이를 하고 있는 지금, 가장 고민거리였던 모기장 설치에서 영감이라고 표현하고픈 경험을 하였다.

세부에서 가장 불편한 것이 있다면 모기이다. 모기가 너무 많다. 그런데 그 모기를 어떻게 할 수가 없다. 모기 외에도 곤충들이 많다. 나무도 많고 기후가 습하고 또한 환경이 현대화가 덜 되다 보니 곤충들의 천국이다. 보도 듣도 못한 곤충들이다. 개미들은 또 얼마나 많은지, 거실 바닥에 사료하나라도 떨어졌다면 어떻게 알고 모여드는지, 금방 사료전체를 개미들이 에워싼다. 놀라울 따름이다. 개미가 냄새를 그렇게 잘 맞는지 미처 몰랐다. 자연의 신비를 곳곳에서 발견할 수 있다. 그래도 뭐니 뭐니 해도 가장 강적은 모기이다.

한국에서 올 때 모기 대처법에 대해 무방비상태로 왔다. 가장 큰 이유는 모기에 대한 상황을 자세히 몰랐기 때문이다. 그냥 모기향이나 몇 개 준비해서 왔다. 하지만 그것으로 택도 없다. 그리고 그 정도는 세부에서도 얼마든지 구매할 수 있다. 날씨가 덥고 환기가 필요해 앞문을 열어놓아야 했기에 세부에 있는 전문가를 불러 비싼 비용을 들여 철제 방충망 문을 먼저 설치했다. 그렇게 앞문은 해결하고 문을 열 수 있게 되었다.

모기퇴치 방법이 시급한 이유는 모기 때문에 문을 못 열기 때문이다. 더운 나라인데 문을 못 열어놓으니까 에어컨을 켤 수밖에 없다. 에어컨은 또 전기세가 장난 아니게 나온다. 세부는 전기세가 비싸다. 한국에 비해 물가 저렴한 필리핀이라 해도 생활비는 한국에서의 중상급 생활비가 나온다. 가장 지출비용이 큰 것이 주거비이다. 생활비의 2/3 가까이 차지한다. 그래서 전기세라도 아끼려면 모기장을 쳐야 한다. 그래서 인터넷으로 온라인 쇼핑몰을 들어가 모기장을 한국 집으로 주문했다. 이 곳 세부물건보다 한국물건이 좋다. 특히 모기장은 한국과 같은 물건이 아예 없는 듯하다. 인터넷 삽이 좋은 게 계절에 상관없이 물건을 구매할 수 있어 있다는 것이다. 한국이 현재 겨울이지만 주문은 여름 물건이 가능해서 정말 다행이다.

그리고 한 달 뒤 2번째 방문하는 남편을 통해 모기장을 받았다. 남편은 문에 설치하는 모기장을 가지고 왔다. 중간부분은 트여있는 가장자리에는 자석이 있다. 사람이 들어가고 나올 때 자석끼리 끌어당기는 힘에 의해 자동으로 닫히는 모기장이다. 인간이란 새로운 것에 대해 주저함이 있다. 나도 이런 증상이 심하다. 아무리 사소한 것이라도 그것에 대한 적응기간이 필요하다. 이 모기장 치는 것에서도 그런 적응기간이 필요했다. 또 사이즈를 대어보니 모기장이 뒷문의 틀보다 더 컸다. 모기장이 문보다 작지 않아서 다행이지만 어떻게 설치해야 할 지 고민해야 할 부분이었다. 그래서 모기장을 받고도 뒷문에 모기장을 치지 못하고 한 곳에 치워 두고 있었다. 앞문과 뒷문을 열어놓으면 그나마 시원했을 텐데 문에 맞지도 않은 큰 모기장을 어떻게 해결할 수 없어 계속 설치하지 못하고 있었다.

그러다가 어느 날 문득 해결점을 찾았다.

"모기장이 문보다 크니까 한 쪽으로 몰아서 남는 모기장부분을 이중으로 접어보자."

이런 생각이 들면서 바로 모기장을 치기 시작했다. 문의 왼쪽부분에 압정이 부착된 양면테이프를 군데군데 먼저 붙이고 모기장 가장자리부분을 압정부분에 끼우고 뚜껑으로 다시 고정했다. 이렇게 문의 왼쪽부분을 하고 오른쪽, 문 가장자리에 압정이 붙은 양면테이프를 붙이고 남아도는 모기장을 오른쪽으로 모기장이 짱짱하게 되도록 모아 접어서 압정에 끼웠다. 그리고 압정뚜껑을 다시 끼웠다. 모기장은 완벽하게 쳐졌다. 이렇게 간단히 해결될 것을 해결점을 못 찾아 2주 동안 모기장을 설치하지 못했다.

어느 날 문득 해결점 찾는 것은 그 문제를 평상시 마음에 품고 있었기 때문이다. 우리의 뇌는 부지런하여 입력된 문제에 대한 해결점을 계속 찾고 있다. 우리가 단지 그것을 인지하지 못하고 있을 뿐이다. 모기장 설치를 못해 고민하던 문제의 방법을 어느 날 문득 생각해 냈듯이 우리는 우리가 집중하는 문제들의 해답에 대한 영감을 얻는다. 계속 생각하는 것은 뇌에 제대로 입력되어 집중함으로 그 답을 찾는 것이다. 어떤 사람은 우주로부터 해답의 영감을 얻는 다고 말한다. 에디슨이나 유명한 과학자들이 보통 인간이 상상할 수 없는 발명품을 만드는 것은 다 우주가 영감을 주기 때문이라고 말한다. 있을 법한 이야기이기에 충분히 이해가 간다.

새벽에 이런 생각지도 않은 영감들을 자주 얻게 된다. 왜냐하면 새벽에는 고요하고 그 만큼 집중이 잘 되기 때문이다. 새벽의 또 다른 이름은 집중과 몰입이라고 나는 표현한다. 어떤 한 가지 일에 초 집중을 경험하고 싶으면 새벽에 그 일을 해보기를 권한다. 낮의 집중력과 확연히 다르다. 집중이 잘 되는 만큼 많은 영감을 받는다. 그 영감은 문제 해결점이 되기도 하고 새로운 아이디어가 되기도 한다. 나의 성과들을 돌이켜 봤을 때 현재 나의 많은 부분들이 새벽 시간의 영감으로 실천된 것들이다.

우선, 세부 살이를 하게 된 것도 새벽 시간에 갑작스럽게 떠오르던 영감 때문이었다. 새벽에 아이들 생각을 하면서 세부 살이에 대한 생각을 하게 되었다. 내가 생각을 해냈다기보다 어떤 영감이 내면으로부터 생겨났다.

'우리 아이들은 다른 아이들에 비해 나이가 많은 엄마를 가졌다. 지금은 잘 모르지만 점점 그것을 인지하게 될 것이다. 나이가 더 들기 전, 나는 수홍이와 정아가 그나마 가장 젊은 엄마와 멋진 추억을 가질 수 있도록 하고 싶다. 아이들의 추억은 살면서 아이들의 든든한 힘이 될 것이다.' 이런 생각과 함께 세부 살이를 결정했다. 그리고 세부를 갈 방법을 찾게 되었다.

책을 쓰기로 결정한 것도 새벽에 떠오른 영감의 결과이다. 4년 동안 나는 새벽에 일어나 독서를 했다. 새벽독서를 하면서 진정 독서의 맛이 이런 거라는 것을 알게 되었다. 또한 책을 써야겠다는 생각을 하게 되었다. 육아의 힘듦과 직장생활의 슬럼프로 고민하고 있는 중이었다. 책 쓰기에 대한 영감이 힘든 상황에 더 힘든 상황으로 나를 몰아넣는 듯한 느낌이었지만 나의 심리적 문제를 해결하기 위해 책 쓰기가 제격이라고 생각했다. 힘든 상황이지만 더 가치 있는 일을 함으로써 진정한 나의 삶에 대한 의미를 찾기도 했다. 그러면서 어떤 결과물까지 얻을 수 있기에 책 쓰기가 가장 좋은 방법이란 생각을 하게 되었다. 그래서 또 방법을 찾았다.

어떤 일을 성취할 때 방법을 몰라서 하지 못하는 것은 아니다. 영감이 없어서 못하는 것이다. 영감이 있다면 무슨 일이든 할 수 있다. 처음에는 어떻게 해야 할지 방법을 모르지만 자꾸 생각하면서 그것에 집중하게 되면 방법은 나오게 되어 있다. 내가 무엇을 해야 하는지, 어떻게 해야 하는지 영감을 얻고, 그것을 바탕으로 잠재된 능력을 발휘한다.

번쩍하고 튀어나오는 영감은 새벽에 많이 생긴다. 원하지만 인지하지 못하는 부분들을 우주는 알고 있다. 내가 필요한 것들을 새벽이란 환경을 통해 알려준다. 낮에 이런 영감이 생길 경우는 많지 않다. 가장 편안하면서 집중할 수 있는 환경에서 영감이 잘 생기는데, 샤워하다가, 화장실에서, 수면직전에도 생각지 못한 기발한 생각들을 많이 한다. 하지만 새벽만큼은 아니다. 새벽영감이 최고이다. 물론 사람에 따라 다를 수도 있지만 새벽에는 나의 내면이 가장 왕성하게 활동한다. 그리고 시간을 가장 길게 가질 수 있으며 가장 질적인 영감을 얻을 수 있다. 인생에서 참으로 도움이 되는 것들이 샘솟는다. 새벽에 영감을 얻어 현재 세부에서 생활할 수 있게 된 그 하나만으로도 나는 최고의 영감을 얻었노라고 말하고 싶다. 새벽에 그런 생각을 못했다면 지금 아이들 경험하는 새로운 환경과 내가 누리고 있는 최고의 글 쓰는 환경을 어떻게 가질 수 있었겠는가? 당신도 나와 같이 최고영감으로 인생 최고의 도전을 할 수 있다. 새벽의 영감을 놓치지 마라. 새벽에 일어나서 당신 인생의 꽃을 피울 최고의 영감을 사로잡아라.

평생 읽고 쓰는 삶, 새벽에 답이 있다

《하루 한권 독서법》이 출간되기 전에는 출간 자체가 최고의 목적이었다. 책 출간이 일생일대의 목표였었다. 그렇게 간절한 마음으로 인생 첫 책을 출간했다. 그 이후 나는 다시 책을 쓴다는 것은 한참 후에 생각하기로 했다. 《하루 한권 독서법》만 출간되면 한 1년 정도 푹 쉬었다 생각해보자고 했다. 책을 쓰고 글을 쓰는 것이 하나의 힘든 여정으로 그것이 끝나면 푹 쉬었다가 새로운 마음과 각오로 초고를 써야만 한다고 생각했다. 하지만 지금은 그렇게 생각하지 않는다. 그런 생각이 완전히 바뀌었다. 현재 나는 글 쓰는 것은 나의 일상생활이다, 라고 생각한다. 직장인들에게 직장 다니는 것이 생활이듯이 나에게 초고 쓰는 것은 매일 하는 일상일 뿐이다, 평생 읽고 쓰는 삶을 살자, 라고 스스로 나에게 선언을 했다.

쓰기에서 최종 가야할 곳은 책 쓰기이다. 책 쓰기는 목차만 있으면 쓸 수 있다. 목차 하나에 대략 40꼭지수가 있다. 꼭지라는 용어는 출판사용어인데, 우리가 말하는 소제목에 해당된다. 매일 1꼭지씩 쓰는 것이다. 1꼭지는 하루A4 용지 2장에서 2장반을 쓰면 된다. 1꼭지 쓰는 것은 시행착오를 거치면서 글 쓰는 연습을 하면 누구나 충분히 가능하다. 책을 써본 사람이라면 더욱 쉽게 쓸 수 있다. 매일 1꼭지씩 쓰면 40일이면 책 한권분량이 나온다. 40일은 1달하고 10일이다. 글이라는 것이 잘 안 써질 때도 있지만 또 속도가 나면 하루에 2~3 꼭지도 쓸 수 있기 때문에 대략 1달의 시간이 걸린다고 할 수 있다. 목차만 있으면 이렇게 매일 꾸준히 써서 매일 꼭지 글을 완성하고 대략 한 달 전후로 초고 완성이 된다.

나는 현재 이렇게 매일 꼭지 글을 쓰고 있다. 매일 책을 쓰고 있다고 할 수 있다. 매일 꼭지 글을 쓰려면 평상시 목차를 만들어야 한다. 꼭지 글을 쓰면서 목차를 만들 수도 있고, 꼭지 40개, 초고를 완성하고 난 뒤 1주일 정도 시간을 내서 목차를 만들어도 된다. 나 같은 경우 두 번째 방법을 사용한다. 자신이 관심 있는 주제를 우선 선정한다. 꼭지 글을 쓰면서 관심주제를 메모한다. 책을 보면서도 주제를 정할 수도 있다. 관심 주제 선정한 이후 자료도 틈틈이 모은다. 책을 읽을 때도 다음 쓸 주제와 연관 있는 책을 다른 책과 동시에 읽는다. 책을 읽으면서 필요한 자료는 노트북 자료모음집에 기록해둔다.

목차 만들기 어차피 넘어야 할 산이다. 책을 쓰려면 먼저 목차를 만든다. 물론 베테랑 작가 중에 목차 없이 쓰는 사람도 있다. 하지만 대부분 목차를 먼저 만들고 초고를 쓰기 시작한다. 작가들 중에 목차 만들기 두려워 여전히 전문가의 도움을 받는 경우가 있다. 목차 만들기에서 계속 도움을 받는다면 책 쓰기에서 완전히 홀로서기를 할 수 없다. 고가의 비용을 들여 2번째 책, 3번째 책도 계속 목차 만들기 도움을 받다가는 습관화 되어, 아예 목차 만들기 시도도 못 할 수도 있다. 앞으로 계속 책을 쓸 사람이라면 목차 만들기 반드시 넘어야 할 산이라는 것 기억해야 한다.

목차 만들기 스스로 공부하면 충분히 가능하다. '목차 만들기 나의 본성으로 만들기'라는 슬로건으로 나는 공부한다. 그리고 만들고 또 만들어보고 그렇게 반복한다. 1장에서 5장까지 그 흐름을 따라 만들어보면 나중에는 금방 뚝딱 만들 수 있다는 확신이 생긴다. 지금도 목차 만들기 시간이 많이 단축 되었다. 현재 세 번째 이 초고를 쓰면서 목차를 여러 번 만들어 보니 목차 만들기 많이 편안해졌다. 무엇이든지 원리를 파악하고 익숙해지기까지 힘든 것이지 그 원리만 파악하면 쉬워진다. 그렇게 목차 만들기 원리를 파악하고 몸에 익히는 과정을 갖는다고 생각하고 스스로 혼자서 만들다보면 언제간은 평안히 만들어 낼 수 있다. 그렇게 자신감을 쌓아가면서 평상시 목차 만들기를 완성한다.

나는 독서법만 책 쓰기 주제로 삼지 않는다. 독서법을 포함해서 내가 경험한 모든 것을 책의 주제로 삼아 쓰기로 했다. 나의 체험을 중심으로 책을 쓰는 것이다. 《하루 한권 독서법》을 쓸 수 있었던 책 쓰기에 대한 나의 경험도 다루고자 한다. 크게 다룰 주제의 주 테마는 이렇다. "나는 새벽에 일어나서 책을 읽고 글을 쓴다."이다. 그래서 독서법에 대한 책, 《하루 한권독서법》이 출간되고 두 번째로 완성한 초고의 주제는 책 쓰기이다. 《하루 한권독서법》을 쓰면서 내가 경험한 지식과 노하우를 담았다. 그리고 지금 쓰고 있는 이 세 번째 주제가 새벽인 것이다.

책으로 쓸 관심 있는 주제는 계속 생긴다. 지금 생각하는 4번째 책 주제는 '세부이야기'로 대략 정하고 있다. 여기에서는 '세부 정착기'에 대한 이야기를 하면 어떨까 생각하고 있다. 정말 하나의 주제가 끝날 때쯤 되면 그 다음 쓸 주제가 연이어 생각이 났다. 다음의 이야기를 미리 관심을 가지게끔 똑똑한 우리 뇌는 먼저 알고 움직인다.

새벽이 있어 꾸준히 읽고 쓸 수 있다. 이렇게 일상처럼 꼭지 글을 쓸 수 있다고 자신감 있게 생각하는 이유는 새벽이 있기 때문이다. 새벽에 일어나면서 책을 읽고 꼭지 글을 쓰면서 평생 나는 이렇게 매일 책을 쓸 수 있겠구나 판단하게 되었다. 새벽은 매일 온다. 나의 하루 시작은 새벽과 함께 시작한다. 새벽 시간은 평범한 시간이 아니다. 누구로부터 방해를 받지 않는 나만의 시간이다. 어떤 일을 하더라도 집중, 몰입하여 창의적이고 생산적인 결과물을 만들어 낼 수 있다. 이 시간에 글을 쓰면서 나는 이제 매일 이 시간에 꼭지 글을 써야겠다는 생각을 하게 되었다. 직장을 다니더라도 새벽 기상은 가능하다. 새벽 기상이 가능한 한 나는 항상 꼭지 글을 쓸 수 있다. 매일 책을 쓸 수 있다. 매일 책 쓰는 삶이 될 수 있다. 앞으로 내 인생에서 얼마나 많은 책이 나올 수 있을까?, 라고 기대도 된다. 새벽이 확보된 이상 나에게 책 쓰는 시간은 확실히 확보가 된 것이다. 그것도 매일. 하루에 최소 2시간은 확보가 된다.

만약에 새벽을 건너뛰는 사람이라면 읽고 쓰는 시간을 확보하기가 쉽지 않다. 직장을 안다니고 글만 쓰는 사람은 시간활용이 쉽지만, 그런 경우에는 전업 작가라고 한다. 전업 작가가 아닌 직장인으로서 책을 쓰려면 시간이 없어 읽고 쓰기 어렵다. 낮에는 직장 일을 해야 하고 퇴근한 이후 저녁시간에는 가정의 일들이 있다. 엄마로서의 역할, 아빠로서의 역할이 있는 것이다. 가정의 역할이후 자기 시간을 가지려고 하면 피로감이 밀려온다. 어떤 일을 하려고 하면 특별히 노력을 많이 해야 한다. 노력해도 특별히 어렵고 그렇게 일을 한다 해도 효과적인 면에서 생산적이지 못하다. 저녁시간은 힘은 힘대로 들면서 결과도 신통치 않게 된다. 그리고 기본적으로 너무 괴롭다. 피곤하기 때문에 고통스럽다. 그렇게 되면 이것도 아니고 저것도 아니게 저녁시간만 낭비하게 된다. 차라리 잠이나 푹 자는 것이 낫다. 그것도 마음이 불편하니 그렇게 하지도 못한다. 정말 결단이 필요하다. 저녁에는 더 이상 일하지 말고 일찍 자고 새벽에 일어나자, 란 결단이 책을 읽고 쓰는 사람에게 절실하다.

평생 읽고 쓰고자 하는 사람은 새벽에 일어나서 편안하게 해라. 왜 굳이 없는 시간을 쪼개가면서 힘들게 읽고 쓰려고 하는가? 그렇게 해서 결과물이 좋을 수도 있지만 좋지 않을 확률이 더 높다. 왜냐하면 글 쓰는 사람의 마음이 여유가 없고, 또 깨운 한 마음이 아니라 피곤한 마음으로 글을 쓰게 되니, 글에 그런 마음이 그대로 묻어나온다. 글은 그렇다. 글은 좁은 곳에서 쓰지 말라고 한다. 탁 트인 공간, 아름다음 곳에서 쓰라고 하는 이유가 바로 이런 이유 때문이다. 없는 시간 억지로 만들어 읽고 쓴 글이 만족스럽고 결과도 좋아야 하는데 그렇지 안다면 방법을 바꾸어야 한다. 무엇보다 본인이 힘들기 때문에 좀 더 여유로운 시간을 찾아야 한다. 그 시간이 바로 새벽이다.

읽고 쓰는 싶은 사람은 새벽 시간을 활용해야 한다. 그렇지 않고는 읽기도 쓰기도 쉽지 않다. 하루에 딱 한번 뿐인 황금 같은 시간, 새벽 시간을 건너뛰는 것은 읽고 쓰는 삶을 스스로 어렵게 하는 것이나 마찬가지이다. 이제 편안하고 여유롭게 쓰자. 자신의 잠재능력을 최대로 끌어내어 읽고 쓰자. 새벽에는 가능하다. 평생 읽고 쓰는 삶이 자연스럽게 자신의 삶이 되는 것은 새벽을 활용하느냐 못하느냐에 달려 있다. 평생 일상처럼 읽고 쓰는 삶. 새벽에 그 답이 있음을 기억하자.

성공한 사람들은 새벽을 활용한다

성공한 사람들은 일반인들과 다른 특별함이 있다. 여러 특징 중 하나가 바로 새벽 일찍 일어난다는 것이다. 새벽의 가치를 알고 새벽을 활용한다. 《인생을 두 배로 사는 아침형 인간》의 책에 성공한 사람들이 어떻게 이른 아침, 새벽을 활용했는지 여러 사람의 이야기가 나온다.

"전국 시대의 무장 오다 노부나가는 매일 아침 4시경에 일어나 가장 빠른 말을 타고 달리는 것이 일상의 시작이었다. 그는 항상 똑같은 곳까지 갔다가 돌아왔다. 왕복 40리(약 16km)를 말을 타고 달리면서, 가는 길에는 전략을 짜고 돌아오는 길에는 결단을 내렸다. 어지러운 전란 속에서도 늘 날카로운 예지와 결단을 보이면서 결국 패권을 쥘 수 있었던 것은 바로 이 아침의 사색 덕분이었다."

또한 오다 노부나가의 시중을 든 기노시타 도우기치로는 우리가 잘 알고 있는 도요토미 히데요시이다. 그의 이야기도 나온다.

"그의 시중을 든 기노시타 도우기치로는 오다 노부나가보다 더 이른 오전 3시쯤에 일어나 말이 달릴 수 있도록 준비를 했고, 노부나가가 신을 신발을 자기 품속에 넣어 따뜻하게 데웠다. 그는 노부나가의 인정을 받아 승승장구했을 뿐 아니라, 마침내 천하통일이라는 꿈을 일궈냈다."

새벽의 시간이 하루 중 가장 효율적이고 창의적인 시간이란 것을 오다 노부나가는 알고 있었다. 그는 혼란스런 시대의 무장으로서 많은 전략과 결단이 필요했다. 그런 전략과 결단을 가장 스마트한 새벽 시간을 활용해서 정했다. 노력 이상으로 중요한 것은 결단이다. 결단이 있어야 노력도 할 수 있는 것. 새벽 시간을 활용해서 예리하고 냉철한 판단으로 전략을 포함해서 과감한 결단을 이끌어 낼 수 있었을 것이다.

또한 일본 천하통일을 한 도요토미 히데요시는 노부나가 시중을 들면서 새벽의 기운을 받아 배움과 깨달음을 가졌다. 그 어느 시간에 갖지 못할 깨달음으로 세상에 대한 지혜와 통찰을 소유했을 것이라 생각이 된다. 노부나가는 새벽의 가치를 아는 사람이란 것을 충분히 추측할 수 있는 부분이다.

새벽 시간은 내면 깊은 곳으로부터 잠재능력이 발휘된다. 낮에 생각하지 못한 부분까지 새벽 시간에는 생각한다. 새로운 아이디어도 튀어나온다. 그 아이디어는 인위적으로 노력해서 되는 부분이 아니다. 충분히 피로를 푼 뇌로부터 자연스럽게 나올 수 있는 기발하면서도 문제의 핵심을 꿰뚫는 아이디어이다. 나의 존재와 세상을 통찰한 새로운 발상들이 생긴다.

인간의 신체는 호르몬의 미량변화에도 민감하다. 여성들은 호르몬의 위력을 더 잘 이해하고 있다. 한 달에 한번 있는 생리 기간 중에 미량의 호르몬 차이로 감정의 변화는 물론 신체적 변화의 극심한 차이를 느낀다. 호르몬의 변화들은 하루 중에도 여러 번 발생한다. 새벽의 비밀에 이런 호르몬의 영향이 있다는 것을 알 수 있다. 누구나 새벽에는 아드레날린과 코르티코이드 영향을 받아서 왕성한 뇌 활동력을 소유할 수 있다.

새벽의 가치를 일찍 안 사람은 행운이다. 성공한 대부분의 사람들은 새벽의 가치를 알고 활용을 했다. 그리고 지금도 여전히 활용해서 잠재능력을 발휘하고 있다. 그들이 새벽의 가치를 어떻게 알았을까? 간절한 목적이 있다면 새벽을 알게 된다고 말하고 싶다. 나는 독서할 시간이 간절히 필요했기에 결국 새벽에 일어나게 되었다. 독서의 매력에 빠지지 않았다면 새벽 시간을 찾지도 않았을 것이다. 독서의 간절함으로 인해 새벽 시간을 활용하게 되었고, 그것이 계기가 되어 점점 새벽의 가치를 인지하게 되었다. 새벽의 가치를 인지하게 된 이후에는 새벽 시간을 평생 활용하게 된다. 새벽 시간에 일을 하면 생산적이면서도 창의적이며 효과적인 결과를 가져온다는 것을 알게 되기 때문이다.

새벽 기상이 한참 유행일 때가 있었다. 2003년 정도였는데, 일본에서부터 시작되었다. 그래서 일본에서는 새벽 기상의 모임이 아직도 많이 있다. 조찬회의, 조찬 스터드 모임들이 많다. 지금 우리나라도 새벽의 가치와 효율성을 인지한 많은 사람들이 새벽모임을 하면서 책도 읽고 공부도 하고 있다. 내가 출간 후 회원이 된 인천의 '미추올 독서모임'에서도 일요일 이른 아침에 모인다. 07시 30분에 모여 미리 책을 선정해서 읽어 와서 《본깨적》을 하고 있다. 보고 깨닫고 적용한 내용, 즉 '본깨적'한 부분을 발표하고 듣고 서로 의견을 나눈다. '본깨적'을 준비하지 않은 사람도 부담 없이 참석해서 '본깨적'한 사람의 이야기를 들으면서 깨닫고 자신의 삶에 적용도 한다. 즉, '본깨적'이 아니라 '들깨적'이라고 할까? 회원들의 이야기들 듣고 깨닫고 자신의 삶에 적용하는 것을 의미 한다. 일요일 자칫 늦잠을 자게 되는데, 이렇게 이른 아침 독서모임 을 통해서 그냥 의미 없이 흘러갈 주말 시간을 자신의 삶의 변화를 위한 계기 의 시간으로 활용하는 것이다.

'인천 미추홀 독서모임'에 참석하시는 분들은 모두 독서경력이 5년 이상 10 년 이상 되신 분들이다. 대부분 자신의 인생에 어느 정도 성공을 거두신 분들 이 많다. 교사들이 많고 자신의 앎을 소신껏 전파하시는 강사 분들도 있다. 대 부분 가르치는 위치에 있다. 나이 또한 다양하다. 젊은 엄마들부터 50대, 60대 까지 고르게 있다. 다양한 세대로 인해 다양한 자극과 깨달음을 받을 수 있다. 성공한 위치에 있는 사람일수록 새벽의 가치를 알기에 이른 아침이나 새벽에 일어나 모임을 갖는다.

새벽을 활용하는 사람들은 점점 많아진다. 새벽의 가치를 알게 되면 새벽을 기다리게 된다. 나또한 지금 새벽의 가치를 깨닫고 매일 새벽을 기다린다. 새 벽 시간은 길지 않다. 일어나는 시간이 5시라면 대략 7시까지 해서 하루 2시간 정도이다. 그래서 나는 그 시간이 아쉽다. 그래서 그 시간을 늘리려고 하고 있 다. 점점 기상시간을 앞당기게 되었다. 지금 4시를 목표로 하고 있다. 4시에 일 어난다면 최대 3시간까지 새벽 시간을 가질 수 있다. 새벽의 1시간은 낮의 3시 간과 맞먹는다는 말이 있다. 그렇다면 새벽 3시간을 통해 나는 낮의 9시간에 해당하는 시간을 가지게 되는 것이다. 보통 하루 8시간 일을 하니까 나는 아침 7시나 8시에 하루에 할 일을 다 하게 된다. 그 시간동안 내 인생에 가장 중요 한 읽고 쓰는 것에 집중할 수 있다.

이렇게 새벽 3시간을 인생에서 가장 중요한 일들로 채운다면 성공은 자연스럽게 따라오게 된다. 매일 그렇게 할 수 있다는 점이 새벽의 가장 큰 장점이다. 낮에 하는 것은 변수들이 많다. 무슨 일이 생겨 못할 확률이 많은 것이다. 하지만 새벽에는 변수가 적다. 자신이 목표한 바를 매일 빠트리지 않고 할 수 있다. 일어나기만 한다면 가능한 것이다. 아주 여유롭게 매일 중요한 일을 빠트리지 않고 할 수 있다.

성공하고 싶은 일이 있다면 새벽에 일어나서 해라. 인생에서 이 일만은 꼭 성공하고 싶다, 라고 하는 일이 있다면 새벽을 활용하면 확실하다고 나는 강조한다. 내가 새벽에 책을 읽고 쓰면서 작가가 되었듯이, 그리고 지금도 새벽에 초고를 계속 쓰듯이 당신이 하고 싶고 되고 싶은 일을 새벽에 하길 바란다. 새벽에 일어나 그 일을 매일 집중적으로 한다면 그 일에 있어서는 전문가의 수준이 될 수 있다. 그리고 성공의 길이 자연스럽게 열릴 것이다. 내일부터 당장 30분만 당겨 아침에 일어나자. 그렇게 새벽 기상을 위해 조금씩 다가가는 것이다. 지금부터 새벽 기상 구체적 전략을 세워보고 바로 활용하는 것이다.

인생 최대의 실수는 새벽을 놓치는 것이다

"과거 이 일이 없었다면 나는 어떤 모습을 하고 있을까?"

주로 안 좋은 일이 있을 때 이런 생각한다. 부부간의 싸움이 있고 난 뒤 이런 생각을 많이 한다. 내가 이 사람과 결혼하지 않았다면 지금과 다른 모습으로 살아 갈 텐데……, 라고 생각한다. 남편이 혹은 아내가 싫어졌을 때 결혼하지 말 것을 하는 후회의 심정에서 그런 생각을 한다. 좋을 때보다 안 좋을 때, 싸우고 난 이후나, 정말 실망을 했을 때 그런 생각을 자연스럽게 하게 된다.

하지만 현재 상황이 너무 행복하고 좋을 때도 그런 생각을 한다. 내가 만약 과거에 이일을 하지 않았다면 지금 이 좋은 것을 경험하지도, 얻지도 못했을 것이다, 라면서 과거의 탁월한 선택에 스스로 감탄하고 천만다행이다, 라고 뿌듯해 한다.

과거의 결정으로 나는 현재 아주 뿌듯하게 생각하는 것이 하나 있다. 그것은 아이 둘을 데리고 필리핀 세부에 온 것이다. 지금 나는 세부 '6개월 살이'를 하고 있다. 세부생활이 아주 행복하다, 라는 것보다 새로운 세계를 접하고 있다는 그것 자체만으로 아주 잘한 일이라 생각한다. 만약 세부를 오지 않았다면, 그래도 나는 별 특별한 아쉬움 없이 살았을 것이다. 어차피 세부에 대해서 알지 못하기 때문이다.

나는 어느 날 새벽, 세부 행을 결정했다. 그때 내가 아이들과 함께 세부에서 생활해야겠다고 용기를 내지 않았다면 지금의 세부생활은 없는 것이다. 용기를 내지 않아서 그냥 흘려버린 경험 치들이 얼마나 많을까 생각해보기도 한다. 인지하지도 못하고 나에게 온 기회들은 그렇게 버려졌을 것이다. 세부에 오지 않았다 해도 지금 느끼고 경험하는 것들은 나의 삶, 아이들의 삶이 되지 못했을 것이다. 세부에 오지 않았다면 평생 모르고 살게 될 아까운 것들이 많다. 세부에 왔기 때문에 경험할 수 있었던 것들이 무엇인가 정리해보았다.

우선은 영어에 푹 빠져보는 경험을 할 수 있다. 아이들은 학교에 있는 내내 영어로 수업 듣고, 영어로 친구들과 놀고 하는 생활을 하고 있다. 아이들이 다니고 있는 사립학교에서는 한 학년에 2반, 한 반에 15명 정도 있다. 수홍이 반에는 한국 아이가 수홍이 포함 남학생 3명, 여학생1명이 있다. 여학생은 세부에서 태어난 아이이다. 엄마, 아빠가 한국 사람이지만 한국말보다 영어를 편안해 해서 거의 영어를 사용한다. 남학생들은 세부에 온지 4년, 2년 되었다. 그래서 놀 때는 주로 한국말을 사용한다. 수홍이는 쉬는 시간에는 주로 한국아이들과 노는 것 같은데, 그래도 수업 시간에는 오로지 영어로만 수업을 들으니, 영어에 푹 빠져서 생활하게 된다.

정아도 마찬가지 상황이다. 정아의 반에도 한국아이가 정아를 포함하여 여학생 3명, 남학생 1명 있다. 남학생은 우리 가까운 이웃에 사는 케빈이다. 한국

아이이고, 그 엄마가 나의 세부 정착에 도움을 많이 주었다. 정아도 영어에 푹 빠져 생활한다.

나도 마찬가지 영어를 듣고 사용할 수밖에 없는 상황에 놓여 있다. 마트를 가더라도, 은행을 가더라도, 주변 누구와 잠시 만나더라도 한국 사람보다 필리핀 사람, 외국 사람을 더 많이 접하게 된다. 그렇기에 한국말보다는 영어를 더 듣게 되고 또 영어를 말해야 하는 상황에 놓여있다. 콩글리쉬, 바디랭귀지를 사용하면서 최대한 살기 위해 노력하고 있다.

두 번째로 여기 오지 않았다면 책 쓰기에 푹 빠지는 시간을 가지지 못했을 것이다. 최근 세 번째 초고를 쓰고 있다. 바로 이 원고이다. 하루에 최대 꼭지 쓰기 3개까지를 목표로 하고 있다. 보통 한권의 책이 되기 위해 40개 정도의 꼭지수가 필요하다. 처음 주제를 잡고 쓰기 시작할 때는 진도가 잘 나가지 않는다. 관심 있는 주제이지만 아직 두뇌에 그 주제에 대한 정보와 마인드가 부족하기 때문이다. 두뇌가 그 주제에 적응하는 시간이 필요하다.

꼭지 글을 10개 이상 쓰다보면 조금씩 발동이 걸린다. 처음에 1꼭지도 겨우 쓸 때가 있지만 10꼭지, 15꼭지 쓰다보면 서서히 속도가 붙는다. 안 그럴 때도 있지만 대체로 처음보다는 속도가 난다. 그만큼 그 주제에 정보양도 많아지고 익숙해지고 자신의 주장과 생각이 분명해지기 때문이다. 그래서 초고를 쓸 때 전체 꼭지 수에서 처음 1/4일 때는 하루 1꼭지씩, 그다음 2/3까지는 2꼭지씩, 마지막 꼭지 수 1/3남겨두고는 3꼭지씩 하루일정을 잡고 써도 가능하다. 처음부터 '나는 하루 1꼭지, 2꼭지씩 쓸 거야', 라고 하지 말고 시간차를 두고 하루 쓸 수 있는 양을 점점 늘리면 제대로 추진력 있게 초고 쓸 수 있다.

세부에서 나는 하루 최대 7시간씩 글을 쓰고 있다. 새벽 6시부터 아이들 학교가기 전까지 1시간. 아이들 학교 간 직후 8시부터 5시간, 6~7시간 쓰고 있다. 한국에 있을 때는 그렇게 쓰지 못했다. 왜냐하면 만나야할 사람도 있고, 갈 때도 많고, 그러니 기분이 안 좋으면 기분전환을 위해 밖으로 나갔다. 그렇게 엉덩이가 가벼웠다. 하지만 세부에는 아는 사람도 없고, 갈 만한 곳도 없다. 기껏 해 봐야 마트나 간다. 마트에 가면 꼭 필요하지 않은 물건까지 사오게 된다. 차라리 집에 있게 된다. 그래서 할 수 있는 일, 꼭지 글쓰기를 하게 된다. 쓸데없는 소비를 예방하기 위해서라도 집에서 쓰는 것이 낫다. 나는 계속 쓴다. 잘 써든 못써든, 그냥 써내려 간다.

정말 세부에 오지 않았다면 푹 빠지는 경험을 하지 못했을 것이다. 아이들은 영어에 푹 빠지고 나는 꼭지 글쓰기에 푹 빠지고 행운이다. 한 가지에 푹 빠지는 가치를 제대로 알게 되었다. 세부에 왔기 때문에 특별한 이런 경험을 할 수 있다.

만약 새벽에 일어나지 않았다면 나의 인생은 어떻게 되었을까? 세부 살이와 비교도 되지 않은 인생의 큰 손실이 있었을 것이라 생각한다. 새벽이 있었기 때문에 작가로의 현재 삶이 있다고, 나는 단언할 수 있다. 새벽 기상의 가치를 알지 못하고, 새벽에 일어나는 습관을 만들지 못했다면 어떻게 되었을까 또한 생각해보았다 .

첫째는, 독서의 진정한 맛을 체험하지 못했을지 모른다. 새벽의 독서는 낮의 독서와 다르다. 나는 독서는 다 같은 독서라고 생각했다. 무슨 일이든 자기의 노력이 중요하다고 생각했다. 하지만 아니다. 자신의 노력이상 중요한 것이 환경이었다. 미약한 인간이기에 어쩔 수 없다. 환경의 지배를 받는 인간이기에 어쩔 수 없다. 고요하고 누구의 방해도 없는 새벽 시간의 독서는 새롭고

경이로운 체험이었다. 그전에는 그런 독서를 느껴보지 못했다. 책을 읽는 동안 바로 나의 뇌에서 지식의 융합과 정돈이 되는 느낌을 받는다. 기억도 잘되고 기억 잘되니, 나의 삶 적절한 곳에 어떻게 적용할지, 아이디어도 바로 생긴다. 그리고 나의 삶에 그대로 적용해본다. 그러니 삶이 달라진다. 집중과 몰입의 효과이다. 새벽에 독서하면 자연스럽게 체험하게 된다.

둘째는 책 출간이 늦어졌을 것이다. 만약 내가 새벽독서를 하지 않았다면 그것보다 늦어지거나 아예 출간자체를 하지 못 했을지 모른다. 《하루 한권 독서법》은 세상에 나오지 못하게 될 뻔 했다. 새벽독서를 통한 많은 깨달음과 사고의 변화가 있었기에 책 쓰기를 결심할 수 있었다. 그리고 결심한대로 방법을 찾아 책을 출간하게 된 것이다.

세 번째, 새벽을 통한 계속적인 성장을 장담할 수 없을 것이다. 새벽은 성장과 함께 인생 성공을 위한 기회를 매일 만들 수 있는 시간이다. 이것은 내가 가장 중요하게 생각하는 부분이다. 나는 새벽에 일어나 책 읽는 것을 좋아한다. 아니, 새벽독서를 사랑한다. 낮의 독서도 좋지만 새벽독서의 맛을 따라오지 않는다. 그 맛을 보려고 새벽은 거의 거르지 않는다. 그리고 글을 쓴다. 잘 써든 못 써든 나에게 새벽에 글 쓰는 것은 빠트릴 수 없는 일이 되었다. 주로 꼭지 글을 쓴다. 책을 만드는 글이다. 세부에 와서 매일 꼭지 글을 쓰기로 결심을 했다. 그리고 나는 새벽마다 꼭지 글을 쓴다. 시간이 지날수록 내가 출간하는 책은 늘어만 갈 것이다. 많은 책을 출간하게 되면 그 중 한, 두 가지는 히트를 칠 수도 있다. 그러면 독자들에게 나의 경험과 노하우을 알려주고, 많은 강연 요청이 들어올 것이며 더 많은 사람들에게 알려질 수 있다. 이렇게 나는 나의 인생 성공으로 다가가고 있다. 새벽을 통해서 나는 매일 성공의 그 길을 걷고 있는 것이다.

새벽에 안 일어날 수가 없다. 많은 성장과 변화의 요소가 있다는 것을 알고
서는 그 시간에 잠에 빠져 있기 어렵다. 새벽 일어나기 힘들어서 못 일어난다
고 말하는 사람은 새벽의 가치를 제대로 모르기 때문이다. 피부로 느끼지 못
했기 때문이다. 지금 무엇인가가 잘 풀리지 않는 일이 있는가? 자신은 엄청 노
력하고 있는데 꼬여만 가고 풀리지 않아 좌절감을 느끼고 있는가? 없는 시간
쪼개서 하고 싶은 일을 하고 있는데, 더 많은 미래의 성공을 위해 지금 노력하
고 있는데, 결과물이 신통치 않아 헤매고 있는가? 그런 사람일 경우 단 한 가
지만 빼고 다 하는 사람이다. 그 단 한 가지가 바로 새벽 기상인 것이다. 새벽
에 일어나 그 전 노력의 1/2만 해보아라. 성공할 수밖에 없는 환경, 좋은 결과
물이 나올 수밖에 없는 환경인 새벽이 당신을 당신이 원하는 것을 성취하도록
도와줄 것이다. 새벽을 놓치지 마라. 인생 최대의 실수는 당신이 새벽을 건너
뛰고 사는 것이다.

새벽을 믿어라

세부에 온 지 1년이 지났다. 사실 이 원고를 쓸 때는 세부 도착 2개월 후였는데, 시간이 참 빠르다. 아이들은 빌리지 바로 옆 사립학교에 잘 다니고 있다. 이 학교는 유치원부터 고등학교 과정까지 있다. 사립학교이다. 이사장이 장애인 딸을 위해 만든 학교라는 소문이 있지만 정확하지는 않다. 장애인 딸과 함께 있는 이사장 부부는 여러 번 봤다. 이 학교는 2년 전만해도 아주 조그마한 학교에 불과했는데, 2년이 지나는 사이 엄청난 성장을 했다고 한다. 학교 주위 빌리지도 집들을 계속 짓고 있다. 우리 집 뒤쪽으로 집들이 들어서고 있다. 하루하루 달라지고 있다. 제대로 된 이층집의 모습을 갖추어가고 있다. 학교가 커진 만큼 아이들 수도 많이 늘었다고 한다. 한 학년에 2반씩, 1반에 15명 정도이다. 한국의 대안학교 수준의 인원이다. 수홍, 정아는 한국에 있을 때도 대안학교를 다녀서 세부의 비슷한 분위기에 익숙한 듯 잘 적응하고 있다.

아이 둘을 보다보면 피곤함을 느낄 때가 자주 있다. 평일에는 학교급식이 없는 관계로 도시락 2개를 준비해야 한다. 매번 도시락 반찬 때문에 고민한다. 도시락만 필요한 것이 아니라 물통과 간식도 챙겨야 한다. 그러면서 나는 나대로 원고쓰는 일을 하고 있다. 오후시간이 되면 두뇌회전도 잘 되지 않고 여러모로 능력이 저하된다. 그래도 나는 걱정하지 않는다 새벽에는 새로운 에너지로 다시 채워지고 낮에 못한 많은 일을 집중해서 할 수 있다는 믿음이 있다.

이번 주는 아이들 학교에 안가는 날이 대부분이었다. 월요일, 목요일만 등교했다. 태풍이 온다고 휴교령이 내려졌었다. 태풍에 민감한 세부이기 때문에 조금의 태풍기미가 보이면 바로 휴교를 하는 분위기인 것 같다. 그리고 견학을 하는 주라, 선생님들이 총 출동을 해야 하기에 또 수업이 없었다. 금요일 날 수홍이가 견학을 갔었고, 다음주에는 1, 2학년 학생들이 견학을 간다고 한다. 2학년인 정아는 다음 주에 가게 된다.

아이들이 학교를 가지 않고 집에 있을 때는 나는 피곤해진다. 세끼 밥은 물론이거니와 맛있는 간식도 챙겨주어야 하고 또 덜 심심하도록 신경을 써야 한다. 심심하다고 하면 어디 마트라도 데려간다. 여기 막탄은 특별히 갈만한 곳이 많지 않다. 세부 시티라면 모를까, 막탄은 아이들이 놀 거리가 많지 않다. 그나마 인근 리조트에 연간회원으로 등록한 것이 요긴하게 활용된다. 오자마자 이웃에 사는 한국 엄마, A의 조언대로 우린 인근 리조트 연간회원권을 끊었다. 그곳에는 아이들 수영장과 조그마한 키즈 카페 같은 곳이 있다. 그래서 토요일마다 잘 다니고 있다. 학교를 가지 않는 날도 어김없이 그 리조트를 찾는다. 또 수홍이와 정아는 17개월 차이다. 남매이지만 나이가 비슷해서 만나기만 하면 티격태격한다. 수홍인 아직 여전히 개구쟁이 짓을 한다. 오빠이지만 의젓한 오빠의 역할이 아직 서툴러 동생을 다독이는 것 없이 자주 싸운다.

그러다보면 또 훈육에 들어가게 된다. 이렇게 피곤한 하루가 된다. 초고도 쓰면서 아이들 케어를 하기에 완전 피곤한 하루가 되는 것이다.

어제, 토요일 비슷한 상황이었다. 점심때 낮잠을 잤는데도 피곤했다. 사실 꼭지 글을 쓰는 것도 많이 피곤한 일이다. 글을 쓰다보면 어깨도 아프고, 또 같은 자세로 오랫동안 앉아 있기 때문에 허리도 아프다. 간간히 기지개도 펴고 온 몸 돌리기도 하지만 어쩔 수 없는 상황이다. 거기에다가 에너지를 많이 소모하게 된다. 신경을 쓰는 것이다. 때론 필요한 자료도 찾아가면서 글을 쓰는 작업이라 몸과 정신은 피로해진다. 1꼭지 쓸 때는 그런대로 괜찮다. 2꼭지로 넘어가면 점점 힘들어진다. 목표한 꼭지를 채우기 위해 노력하지만 오후가 되면 진도가 거의 안 나간다. 마른 수건 짜듯이 머리에서 억지로 짜내는 시간이 된다. 그렇게 글을 쓰다보면 힘은 두 배로 들고 마음도 즐겁지 않다. 거의 에너지 소진 상태가 된다.

이런 상태에서는 다음날 꼭지 글도 못 쓸것처럼 느껴진다. 쓰여 지지 않는 글을 머리를 짜내면서 써다보면 정말 여러 가지 생각이 든다.

"나는 정말 글 쓰는 소질이 없는 것 같다"

"내가 이일을 계속 해야 하나?"

이런 의문들이 머리를 혼란스럽게 한다. 그래도 계속 의자에 앉아 있는다. 안 써지면 안 써질수록 오기가 생기도 하기 때문이다. 글감을 찾기 위해 책도 읽어본다. 이 책, 저책 찾으면서 글 쓰는 것을 잠시 잊기도 한다. 하지만 뇌는 입력과 융합의 기능이 다한 상태이기 때문에 정보들이 들어왔다가 그냥 흘러 나가게 된다. 글을 읽지만 글이 머리에 입력이 안 되는 것이다. 그냥 글자를 보는 것뿐이다. 이럴 때 취할 수 있는 방법은 한 가지 뿐이다.

바로 저녁 일찍 자러 가는 것이다. 저녁을 빨리 해먹고 아이들과 함께 8시쯤 잠자러 이층으로 올라간다. 자기 전에 아이들에게 책도 읽어주고 잠시나마 이야기도 나눈다. 아주 피곤하지만 아이들과 이야기를 나눈다. 정아는 여자아이라 그런지 할 이야기가 많다. 특히, 같은 반 여자 아이들 이야기를 많이 한다. 필리핀 아이들의 이야기는 안하고 한국 아이들의 이야기만 한다. 우리 아이들은 영어를 전혀 배우고 오지 않았기 때문에 아마도 주로 한국 아이들과 어울리는 것 같다. 그래도 필리핀 아이들과도 잘 지내야 영어가 늘고 학교생활도 빨리 적응될 텐데, 라면서 이런 저런 생각을 하면서 나는 수면에 빠져든다. 어떨 때는 내일 쓸 꼭지 글에 대해서 생각한다. 꼭지 제목이 상기되면서 그 꼭지 제목에 들어갈 사례나 나의 스토리를 생각해본다. 하지만 너무 피곤한 날은 전혀 아무 생각 없이 금방 잠에 빠져들었다.

전 날 일찍 잔 어느 날, 눈이 뜨여져서 시계를 보니 익숙한 시간 새벽 4시였다. 나는 새벽 기상 4시가 목표이다. 하지만 한국에 있을 때는 그 시간에 일어난 적이 몇 번 없었다. 거의 일어나지 못했다. 하지만 여기 세부에 와서는 정확히 새벽 4시 전후로 일어난다. 아마 한국에 비해서 세부가 1시간 늦어서 생체리듬으로는 새벽5시이기 때문에 4시에 눈이 뜨여 지는 것일 수도 있다.

참 신기하다. 어제 저녁까지만 해도 그렇게 안 써지든 꼭지 글이 아침에는 쓰여 진다. 너무 안 써져서 나에게 심한 좌절감까지 심어준 그 꼭지가 술술 쓰여 진다. 정말 술술 쓰여 진다는 표현이 딱 맞다. 똑같은 장소, 똑같은 사람, 똑같은 환경이다. 한 가지 다른 것은 시간대가 다른 것이다. 머리를 짜내도 한 줄 쓰기도 힘들 던 그때는 저녁시간이었고 술술 쓰여 지는 지금은 새벽이라는 점. 그 차이가 엄청난 차이를 주었다. 글 쓰는 사람에게 술술 쓰여 지는 만큼 행복한 일이 없다. 꼭지 글의 목표를 채워야하는 나에게 술술 초고 쓸 수 있다는 사실은 최고의 만족감과 성취감을 안겨다 준다.

나는 글이 전날 안 써지더라도 다음날 새벽이 되면 다시 써질 것이라는 믿음이 있다. 새벽을 믿는 것이다. 지금 안 되면 가볍게 책이나 보자, 라고 생각한다. 나의 머리가 새롭게 에너지 충만하게 세팅되는 새벽이 있지 않는가? 새벽이 없었다면 얼마나 막막했을까? 초고 쓰면서 든든히 믿을 만한 새벽이 없었다면 정말 스트레스 제대로 받았을 것이다. 하지만 새벽이 있다. 그 새벽이 매일 있다. 얼마나 다행인가? 글이 술술 쓰여 지는 그 시간이 1주일에 한 번, 아니면 1주일에 이틀, 그렇지 않아서 너무 다행스럽다. 매일 나는 새벽을 만날 수 있다. 나의 믿음대로 그 새벽에 많은 것들을 해결한다. 문제의 답도 찾고 글도 술술 쓰여 져서 꼭지 글도 완성한다. 물론 안 되는 날도 간혹 있지만 대부분 새벽 시간을 통해 해결하는 일들이 많다.

　새벽을 믿어라. 안 되는 일들이 있다면 새벽 시간으로 옮겨서 다시 그 일을 해봐라. 다른 느낌, 다른 두뇌 회전력, 집중력, 통찰력을 스스로 느낄 것이다. 너무 과장된 듯 하지만 사실이다. 나는 든든한 새벽 시간이 있기에 안 되는 일이 있더라도 여유를 가진다. 지금 안 되면 새벽에 하면 되기 때문이다. 안 되는 일이 있다면 지금 그만두고 새벽에 일어나서 해라. 글을 쓴다면 억지로 쓰지 말고 새벽에 일어나 쓰라. 고민스러운 문제가 있다면 답을 찾기 위해 끙끙거리지 말고 새벽에 일어나서 다시 그 문제를 생각해 보아라. 창의적이고 기발한 아이디어로 특별한 해결법을 찾게 될 것이다. 새벽에는 에너지가 넘치는 기운으로 당신에게 필요한 것들을 알아서 채워준다. 믿은 만큼 새벽 시간에 하는 일들로 많은 것을 이룰 수 있다. 인생의 대변혁도 어렵지 않다.

새벽에 일어나라
그리고 작가, 강연가, 메신저의 삶을 살아라

나는 새벽을 알게 되면서 빠르게 삶이 변화되었다. 더 정확하게 표현하자면 새벽에 일어나면서 집중적으로 책을 읽게 되었고 읽었던 책처럼 삶이 변화되었다. 수많은 책들은 작가의 수많은 경험과 노하우를 우리에게 알려준다. 책을 읽으면서 세상살이의 문제들을 해결하고 더 나아가 성공적인 삶을 살아가기 위한 동기부여를 받는다. 읽을 때마다 동기부여를 받고 그것을 나의 삶에 적용하면서 실천하게 된다. 그렇기 때문에 책을 읽지 않는 사람에 비해 책을 읽는 사람이 더 많이 생각하고 또한 용기와 힘을 받으면서 더 많이 도전하고 실천하게 된다. 낮이나 밤에 읽는 것보다 새벽에 읽을 때 이런 프로세서는 더 잘 일어난다. 새벽의 집중 독서가 더 쉽게 삶의 변화를 위한 실천으로 이어지면서 삶의 변화가 필연적으로 일어날 수밖에 없는 것이다.

독서를 시작하면서 새벽마다 일어나서 읽고 쓰고 있다. 새벽에 일어나서 운동도 해보았다. 처음 새벽에 일어날 목적으로 새벽수영을 등록했다. 그래서 처음에는 운동을 하면서 새벽 기상을 했다고 볼 수 있다. 새벽에는 뇌 상태가 가장 창조적인 상태가 된다. 운동을 하기에는 그 시간이 너무 아깝다. 운동도 좋지만 그 시간을 나의 성공적인 삶을 만드는 귀한 시간으로 활용할 수가 있는 것이다. 그래서 새벽 기상이 습관이 될 때쯤 나는 운동은 일주일에 2번만 가고 나머지 요일은 읽고 쓰는 시간으로 활용했다. 직업과 상관없이 읽고 쓸 수 있다. 읽고 쓰는 일은 누구든지 해야 할 일이다. 왜냐하면 여기에서 세상살이의 문제해결법과 인간으로 살아가야 할 가치관, 기타 삶의 중요한 부분을 얻는 여러 가지 효과가 있기 때문이다.

그야말로 기본 중에 기본이 읽고 쓰는 것이다. 사람들이 힘들어지고 점점 삭막해지는 이유는 이 읽고 생각하고 쓰는 것을 하지 않기 때문이다. 읽고 쓰는 사람은 삶을 달리 살 수 있다. 다수의 세상 사람처럼 인생에서 중요한 것을 놓치는 실수를 범할 확률이 줄어든다. 새벽에 일어나 읽고 생각하고 쓰는 사람은 모든 사람들이 하는 일들이 답이 아닐 수 있다, 라는 가정을 할 수 있다. 그리고 자신만의 중심을 잡고 삶의 중요한 핵심 가치와 의미를 찾으면서 살게 된다.

새벽을 알게 되면서 현재 나의 삶이 바뀌었듯이 나의 미래도 지금 바꿀 수 있다. 나의 미래 스스로 선택할 수 있고 내가 바꿀 수 있는 것이다. 바쁘게 직장생활만 열심히 할 때는 미래를 생각 할 여유가 없었다. 오직 현재만 있었다. 아침 마다 전쟁이다. 소리 없는 총알이 빗발치는 전쟁터이다.

"엄마, 내 양말 어디 있어?"

"여보, 와이셔츠 세탁소에서 왔어?"

TV에서 나오는 드라마의 한 장면이 아니다. 나의 가정, 우리들의 가정에서 실제 벌어지고 있는 아침의 정신없는 풍경이다. 쉽게 연상이 갈 것이다. 아침의 5분이 얼마나 정신없이 돌아가는지, 직장에 가서도 마음을 진정시키는 데 시간이 필요할 정도이다. 직장에서는 일이 끊임없이 떨어진다. 보건교사도 마찬가지이다. 아픈 아이들은 수업시간, 쉬는 시간이 따로 없다. 거기에다가 응급상황이 언제든지 발생하고 있기 때문에 화장실 가는 것도 불편할 때가 있다. 화장실 안에서도 보건실 쪽에 아이들 소리나 어른소리가 들리는지 신경을 쓴다. 퇴근하면 또 퇴근하고 루틴 적으로 있는 일들로 오후 9시 10시가 된다. 그럼 개인시간은 언제 있을 수 있겠는가? 바쁜 일상이 나의 시간을 앗아간다. 나의 청춘을 앗아갔고, 이제 그렇게 많지 않은 귀한 남은 시간도 그렇게 바쁘게 살다가 끝날 수도 있다. 완전히 나의 시간이 끝나기 전에 내가 하고 싶으면서 의미 있는 일을 찾아서 해야 한다.

직장인일수록 자신에게 가치 있고 행복감을 줄 수 있는 시간과 일을 가져야 한다. 하루 중 짧은 시간일지언정 그런 시간이 필요하다. 왜냐하면 직장인들은 기본적으로 스트레스가 많기 때문이다. 직장인들은 조직에 고용된 사람이다. 조직의 목표에 부응해야 한다. 그렇기 위해서 직장인들은 조직의 목표 달성을 위해 노력해야 한다는 것이 기본전제가 된다. 그렇다보니 자신의 욕구보다는 직장의 목표를 우선시해야 한다. 자신의 욕구를 억누르는 상황이 많은 직장인들은 기본적으로 스트레스가 많다. 자신의 욕구보다는 조직의 욕구가 우선시된다는 그 자체가 스트레스인 것이다. 거기에다가 직장 일하는 여러 환경이 열악하다면 더욱 힘들어진다.

그래서 스트레스를 풀 수 있는 시간과 일이 필요한 것이다. 스트레스 해소를 위해 부정적인 활동을 하면 안 된다. 이런 것은 발전적이지 못하고 인생에 치명적인 해가 될 수도 있다. 스트레스를 풀면서도 자신의 인생에 도움이 될 수 있는 일이 있다. 그것이 바로 독서하고 글을 쓰는 것이다. 읽고 쓰는 일은 언제든지 할 수 있다. 특별한 도구가 필요한 것이 아니다. 책과 노트북만 있으면 언제든지 가능하다. 일을 하다가도 잠시 머리를 식힐 겸 할 수 있는 것이 읽고 쓰는 일이다. 이렇게 읽고 쓰는 것을 하다가 보면 점점 많은 시간 집중해서 읽고 쓰고 싶다는 생각이 든다. 그때 읽을 시간을 찾게 되고 새벽 시간을 발견하고 활용하게 된다. 우선 읽는 것부터 하자.

새벽에 일어나서 읽고 쓰는 것이 최고이다. 하는 일이 힘들고 삶의 재미가 없을 때일수록 새벽에 일어나서 읽고 쓰자. 남들한테 푸념해도 그때뿐이다. 잠시만 후련하다. 다시 출근하면 해결된 것은 하나도 없다. 다른 곳에서 가치를 찾아 헤매어도 소용없다. 새벽에 일어나 읽고 쓰면 책에서 답을 찾고, 긍정적이고 도전적인 마인드를 가짐으로 일도 잘 풀린다. 또한 현재 문제의 답도 찾을 수 있고 앞으로 내가 하고 싶은 일도 찾게 된다. 직장일이 힘들수록 새벽에 일어나 읽고 써야 할 이유가 여기에 있는 것이다.

새벽에 일어나 읽고 쓰면 자신의 삶에 신기한 변화가 일어난다. 작가, 강연가, 메신저의 삶으로 점점 다가가게 된다. 나는 육아법을 알기 위해서 5년 전 독서를 하기 시작하면서 새벽에 일어났다. 새벽에 일어난 이유도 육아관련 책을 더 읽고 싶었으나 시간이 부족해 시간을 찾던 중 새벽 시간을 활용하게 되었다. 먼저 새벽의 가치를 알고 새벽에 일어난 것이 아니다. 가용시간이 새벽밖에 없어서 잠을 어느 정도 포기하고 새벽에 일어나게 된 것이다. 하지만 내가 그때 억지로라도 새벽에 일어나지 않았더라면 현재 작가로서의 삶은 없었을 것이다, 내가 새벽에 일어나 읽으면서 써야겠다고 생각이 바뀌었듯이, 새벽에 일어난다면 생각의 변화를 거쳐 글도 쓰게 된다. 막상 글을 써보면 알게 된다. 글을 써서 많은 사람에게 내가 가지고 있는 지식과 노하우를 나누는 것이 얼마나 가치 있는 삶인지를 느끼게 된다. 그렇게 글을 쓰면 작가이자 메신저가 되는 것이다.

한 번 책을 내기가 어렵지, 책을 한번 출간하게 되면 2번째 책도 쓰게 된다. 산고의 고통을 잊은 엄마가 또 아이를 출산하듯이 첫 책이 두 번째가 되고, 두 번째가 3, 4번째 책으로 계속 이어진다. 책을 내면서 나의 이름은 세상에 알려진다. 출간과 동시에 온라인 서점에 나의 책이 올라가고 네이버에 내 이름을 치면 나의 책과 함께 검색 된다. 신기한 일이지만 그렇게 나는 개인 브랜드화가 된다. 시간이 지날수록 작가, 강연가, 메신저의 삶으로 살아가게 되는 것이다.

새벽에 일어나 읽는 사람들은 책을 빠르게 출간하게 된다. 독서경력 대비 책 출간이 빠르다. 새벽독서는 집중, 몰입독서로 깨달음과 의식의 변화가 빠르기 때문에 그 만큼 출간도 빠른 것이다. 새벽1시간은 낮의 3시간에 해당된다는 말이 그대로 적용이 된다. 낮에 읽는 사람보다 3배 빠른 결과물이 나온다. 새벽에 일어나 읽고 쓰면 직장 생활하는데도 지장이 없다. 오히려 건강한 직장생활을 하게 된다. 새벽에 일어나야 하기 때문에 회식하는 횟수를 줄이고 빨리 잠자리에 들기 때문이다. 새벽에 읽고 쓰면서 다양한 주제의 지식과 깨달음을 통해 직장생활도 더욱 활기차게 된다. 직장에서 좋은 결과가 나타나는 것도 당연하게 된다.

책을 출간하면 주변에 있는 사람들에게 책의 내용을 알려주고 강연할 기회도 찾아온다. 그렇게 수익으로까지 연결될 수 있다. 시간이 지날수록 출간하는 책의 수는 늘어나고 강연 요청도 많아진다. 새벽에 일어나는 횟수에 비례해서 출간 책도 많아지게 되고 간혹 베스트셀러가 나오게 되면 수익은 더욱 늘어나게 된다.

새벽에 일어나라. 시간에 쫓기고 마음의 여유가 없는 직장인일수록 새벽에 일어나기를 권한다. 새벽에 일어나 편안한 마음으로 세상, 그 어떤 활동보다 가치 있고 생산적인 읽고 쓰기를 해보아라. 새벽에 읽고 쓰면서 자신과 삶이 변화되지 않기는 하늘의 별을 따기만큼 어렵다. 삶은 새벽 기상 전과후로 확연히 달라진다. 결국 직장 유무와 상관없이 책을 출간하고 강연을 하며 그렇게 나의 삶을 다른 사람에게 공유하는 메신저가 되는 것이다. 작가, 강연가, 메신저, 그렇게 인생 대혁명은 나의 삶에 일어난다.

새벽, 절대 놓치지 마라.

새벽 시크릿

초판 1쇄 발행 | 2019년 11월 29일

지은이 | 나애정
펴낸이 | 공상숙
펴낸곳 | 마음세상

주 소 | 경기도 파주시 한빛로 70 515-501

신고번호 | 제406-2011-000024호
신고일자 | 2011년 3월 7일

ISBN | 979-11-5636-374-3 (03190)

원고투고 | maumsesang@nate.com

* 값 13,200원

* 마음세상은 삶의 감동을 이끌어내는 진솔한 책을 발간하고 있습니
다. 참신한 원고가 준비되셨다면 망설이지 마시고 연락주세요.

이 도서의 국립중앙도서관 출판예정도서목록(CIP)은 서지정보유통지
원시스템 홈페이지(http://seoji.nl.go.kr)와 국가자료종합목록 구축시스
템(http://kolis-net.nl.go.kr)에서 이용하실 수 있습니다. (CIP제어번호 :
CIP2019045186)